Pr. Luiz Antonio

VIVENDO A VIDA

Copyright© 2019 by Literare Books International
Todos os direitos desta edição são reservados à Literare Books International.

Presidente: Mauricio Sita

Vice-presidente: Alessandra Ksenhuck

Capa: David Rodrigues

Fotografia: Jandson Vieira

Diagramação e projeto gráfico: Gabriel Uchima

Edição de redação: Raissa Cruz

Compilação de artigos: Luiz Paulo

Revisão: Rodrigo Rainho e Wilma Ramos

Diretora de projetos: Gleide Santos

Diretora executiva: Julyana Rosa

Relacionamento com o cliente: Claudia Pires

Impressão: Noschang

Dados Internacionais de Catalogação na Publicação (CIP)
(eDOC BRASIL, Belo Horizonte/MG)

S586v Silva, Luiz Antonio da.
Vivendo a vida / Luiz Antonio da Silva. – São Paulo, SP: Literare Books International, 2019.
14 x 21 cm

ISBN 978-85-9455-243-3

1. Autoajuda. 2. Conduta. I. Título.
CDD 158.1

Elaborado por Maurício Amormino Júnior – CRB6/2422

Literare Books International.
Rua Antônio Augusto Covello, 472 – Vila Mariana – São Paulo, SP.
CEP 01550-060
Fone/fax: (0**11) 2659-0968
site: www.literarebooks.com.br
e-mail: literare@literarebooks.com.br

A minha família e a meus pais, Cila e Francisco, a quem devo tudo o que sou. Que vocês continuem a ser pessoas admiráveis, segundo o coração de Deus.

PREFÁCIO

Este livro do pastor Luiz Antonio é uma coletânea de artigos escritos por ele, semanalmente, publicados em um veículo jornalístico da cidade de Aracaju - SE, e reproduzidos também em outros meios na *Internet*.

A intenção é levar o leitor a refletir e obter uma compreensão mais clara sobre realidades do nosso cotidiano, e sobre a importância de viver a vida com mais leveza, trazendo importantes lições de grande valor moral e espiritual.

Os textos foram escritos em linguagem franca e coloquial, como se o autor estivesse conversando com o leitor, o que torna a sua leitura ainda mais agradável e atraente. Creio, portanto, que a simplicidade do conteúdo o ajudará a encontrar maior motivação para continuar "vivendo a vida" intensamente.

Luiz Paulo, pastor e educador.

SUMÁRIO

Seja dono dos seus sonhos......9
Viver acima da média......12
Você devia ter corrido mais......15
Vivendo as maravilhas de Deus......18
Tudo vale a pena......22
Um gesto pode mudar tudo......25
Volte a lançar as redes......29
Viva momentos de "bobeira"......32
Maria......36
Quem fica com o nosso melhor?......39
A nuvem......42
Congruência: fé e ação......45
A quem você quer agradar?......48
Cada um cuida da sua vida......51
Real valor......56
Transformando o certo em errado......59
Vitória......62
De-cisão......66
Divisor de águas......69
E depois?......72
Você está preparado para perder?......76
Encantamento......79
Além do olhar......82
Enxergando o visível......85
Fechado para balanço......87
Lança o teu pão sobre as águas......90

Mudanças..93
Mais um feriado..96
Existirão barreiras...................................100
O poder da afetividade............................103
O que a indiferença produz....................106
O valor do outro......................................110
Vazio da alma..114
Os encontros das férias..........................117
Os homens mais ricos do mundo..........121
Precisa-se de alguém com boa aparência.....124
Pegue sua vida de volta..........................127
Permanecer..130
Porém...134
Sinais...137
Tadinho dele...141
Três tipos de autoridade........................144
Saia da multidão.....................................148

SEJA DONO DOS SEUS SONHOS

Quando não temos um sonho, aquilo que estamos vivendo não nos trará forças suficientes para enfrentar os obstáculos e, por isso, vamos parando no meio do caminho.

Quando eu era criança, ouvia, várias vezes, meus pais dizerem que não é bom termos coisas emprestadas dos outros. Sempre concordei com esse pensamento e, até hoje, realmente não acho interessante andarmos emprestando coisas aos outros. A impressão é que isso quase sempre não acaba bem. Podemos perder o que pedimos emprestado, podemos estragá-lo, e isso poderá trazer até problemas nas amizades.

Defendendo, então, essa teoria de que é melhor evitar pedir emprestado as coisas dos outros, quero chamar a sua atenção para uma coisa que muitas pessoas andam pegando emprestado dos outros: os sonhos. Muitos são aqueles que estão emprestando e vivendo os sonhos dos pais, dos amigos, ou da sociedade. Quantos estão fazendo curso que, de fato, não é o que queriam? Mas, como os pais desejaram, os amigos escolheram, ou a sociedade disse que é interessante e lucrativo, então lá estão essas pessoas enveredando por um caminho de infelicidade, porque estão vivendo o sonho de outros. O interessante é que isso não vai repercutir, imediatamente, na vida delas, mas é só deixar o tempo passar para ver o resultado.

Sabemos, por exemplo, que existem casamentos que não dão certo por causa dessa realidade, há cônjuge vivendo um sonho emprestado do outro. Aliás, há casamento que é sonho apenas de um, e o outro apenas o pegou emprestado. Tem gente que não se realiza profissionalmente, mesmo ganhando um bom salário, também porque está vivendo um sonho emprestado.

Sabe por que isso acontece? Na verdade, se você não deixar um sonho nascer dentro de você, vai acabar vivendo um emprestado, até porque, todos nós sentimos a necessidade de ter sonhos. Quando não temos, aquilo que estamos vivendo não nos trará forças suficientes para enfrentar os obstáculos, e vamos acabar parando no meio do caminho.

Sonho verdadeiro é aquilo pelo que vale a pena morrer, se preciso for. Quando uma pessoa tem um sonho que nasceu no seu coração, o nome dela acaba ligado a ele. Quer ver alguns exemplos? Quando a gente fala o nome de Thomas Edison, lembramos da lâmpada; quando falamos o nome de Santos Dumont, lembramos do avião; ou seja, essas pessoas estavam tão comprometidas com seus sonhos que basta mencionarmos o nome delas para lembramos o que sonhavam.

Jesus, em certa ocasião, disse assim aos seus discípulos: "a minha vontade é fazer a vontade do Pai que me enviou. Quer dizer, o sonho de Jesus era atender às expectativas de Deus e, por isso, Ele foi até o fim, ainda que a realização desse sonho tenha custado a própria vida.

Acho que o entendimento a respeito disso é o que faz a diferença entre os especiais e os medíocres. Se quisermos ter uma vida acima da média, se quisermos marcar a nossa geração, precisamos deixar que os sonhos que nascem dentro de nós venham à luz, dando significado a nossa vida, por mais que eles não atendam aos anseios dos outros.

Se aquilo que você sonha é correto, tem ética e, portanto, não agride nem desrespeita ninguém, leve em frente, vá até o fim. Jesus será contigo! Conte com o seu poder, até porque, Ele mesmo disse: sem mim, nada podeis fazer.

VIVER ACIMA DA MÉDIA

Então, quem está certo? Aqueles que se acomodam, ou aqueles que se inquietam?

Este é um grande desafio: viver acima da média. Acredito que essa decisão passa também pela personalidade de cada pessoa. Encontramos quem se satisfaça tranquilamente com a vida e, praticamente, o único trabalho que tem é o de não se desviar do curso natural das coisas. É como se estivessem abraçadas a um tronco de árvore em meio a uma correnteza. São os adeptos da canção "deixa a vida me levar".

Também, com base na personalidade, muitos não se conformam com a vida que têm e partem para a luta. O problema é que, muitas vezes, essa busca desenfreada por uma vida acima da média pode levar pessoas a consequências drásticas, como distância da família, perda da saúde e, até mesmo, em alguns casos, a negociação de coisas que seriam inegociáveis.

Logo, quem está certo? Aqueles que se acomodam ou aqueles que se inquietam? Bem, na verdade, a Palavra de Deus, ou seja, a Bíblia Sagrada, de capa a capa, prega o equilíbrio. Não acredito que devamos nos acomodar com as coisas na vida, até porque o potencial que existe dentro de nós é muito grande.

Por outro lado, não podemos agir como se fôssemos tratores, passando por cima de todos e até de nós. Acho que, nessa questão, mais uma vez, se aplica a tal regra de valores.

Quando se faz um planejamento estratégico em uma empresa, uma das primeiras coisas a serem avaliadas é: quais são os valores dela? Entendo que isso não é diferente no planejamento de vida, no estabelecimento dos alvos, porque precisamos ter, primeiramente, uma relação de valores muito bem definida. Isso nos ajudará a permanecer numa linha coerente e equilibrada de atitudes. Agora, sim, depois desses valores muito bem definidos, podemos sair à luta.

O apóstolo Paulo, na sua carta aos Romanos, capítulo 12, versículo 2, nos dá a seguinte orientação: "e não vos conformeis com este mundo, mas transformai-vos pela renovação do vosso entendimento". Ele está pedindo para não nos acostumarmos com as coisas que não vão bem, mas, por meio de uma mudança mental, provocar as mudanças práticas na vida. Sabe, gente, a vida passa muito rápido, e a nossa fase de maior produção não é tão grande assim.

Portanto, é urgente termos uma visão clara de onde queremos chegar. Acho que devemos parar com essa mania de querer mudar apenas na virada de ano; todo dia é dia de decisão, e são as decisões de cada dia que vão fazer a diferença. Nas decisões, nos separamos ou retornamos, paramos ou corremos, crescemos ou diminuímos, vivemos ou morremos!

Já parou para pensar em quais são as pessoas mais comentadas por você? Não são exatamente aquelas que decidiram viver acima da média? O mesmo caso pode acontecer contigo. Acredite! O Senhor, nosso Deus, colocou você neste mundo para fazer a diferença. Você é um projeto Dele e Ele não tem projeto fracassado.

VOCÊ DEVERIA TER CORRIDO MAIS

Será que esse também não é um risco que corremos?

Conta-se a respeito de um homem que estava acostumado a chegar atrasado em tudo o que fazia. Era impressionante, como se fosse um vício! Ele não conseguia, de jeito algum, chegar aos compromissos estabelecidos no horário certo, e parecia que os conselhos recebidos não adiantavam muito, pois seus pais falavam, seus líderes falavam e nada mudava.

Um dia, surge uma oportunidade extraordinária de emprego, porém ele precisava pegar um trem a fim de chegar em outra cidade para a entrevista. Era o emprego dos seus sonhos – mas não esqueçam, era o "senhor atraso." Ele, então, saiu tarde de casa, demorou para conseguir um táxi até a estação, enfrentou engarrafamento, até que resolveu descer do táxi e saiu correndo entre os carros parados.

Correu, correu, a ponto de não aguentar mais. Parecia um velocista dos 100 metros rasos, mas não adiantou. Quando chegou à estação, o trem havia acabado de partir. Um homem que estava próximo e viu a correria dele comentou:

— Você deveria ter corrido mais. E ele respondeu:

— Não. Correr eu até corri, inclusive, mais do que eu poderia suportar; porém comecei tarde demais.

Na verdade, não adianta você ser o homem mais rápido do mundo, se não começar a correr na hora certa. Já viu como corredores se preocupam em largar bem, senão os outros competidores, mesmo não sendo tão rápidos, mas por largarem melhor, podem chegar à frente? Será que esse, também, não é um risco que corremos?

Ou seja, o risco da procrastinação. Ficamos a deixar tanta coisa para depois, achando que sempre vai dar tempo, até que, muitas vezes, dá certo. A gente deixa para depois e, ainda no último instante, consegue encontrar nem que seja uma fresta aberta, e passar. O problema é que, com isso, nos acostumamos mal e achamos que será sempre assim. Mas, em um belo dia, perdemos o trem que leva toda a oportunidade que esperávamos ter, e só nos resta sentar na estação e chorar, vendo os outros partirem, enquanto ficamos ali, amargando o dissabor do nosso atraso.

É comum encontrar pessoas que estão com a ideia equivocada de que serão jovens para sempre e, por causa desse pensamento, achar que a vida vai esperá-las até que estejam a fim de fazerem determinadas coisas. Por isso, observamos pessoas que estão deixando os estudos para depois, os consertos na vida para depois, os pedidos de perdão para depois, as declarações de gratidão para depois e, o que é pior, deixando Deus e as coisas de Deus para depois.

Quero lembrá-los das palavras escritas na Bíblia Sagrada, na carta de Tiago, capítulo 4, versículo 14: *Vocês nem sabem o que lhes acontecerá amanhã! Que é a sua vida? Vocês são como a neblina que aparece por um pouco de tempo e depois se dissipa.*

Por isso, pare para pensar. Será que você não deveria começar logo a fazer o que tem de fazer? Isso, antes que seja obrigado a correr, correr e, mesmo assim, estar sujeito a não chegar a tempo para a vida. Lembre-se, não estaremos por perto dos outros o tempo todo, nem os outros estarão por perto de nós o tempo todo. Enquanto há tempo, faça aos outros o que deve ser feito, diga o que deve ser dito. Quanto às oportunidades que as áreas da vida profissional, sentimental ou intelectual lhe oferecem, abrace-as logo, antes que abrace o vazio. E agora, o mais importante, como disse o profeta Isaías: *Busquem o Senhor enquanto é possível achá-lo; clamem por Ele enquanto está perto.*

VIVENDO AS MARAVILHAS DE DEUS

Estar no lugar certo pode fazer toda a diferença.

Como podemos viver experimentando as maravilhas reservadas por Deus para a nossa vida cotidiana? Maravilhas de Deus são vitórias que experimentamos em nosso cotidiano. E quem não as quer? Na verdade, vivemos perseguindo isso o tempo todo e a todo o tempo. Queremos vitórias na nossa vida profissional, acadêmica, financeira, familiar, sentimental, espiritual, enfim, vencer em tudo. Mas, às vezes, por observarmos apenas o final das histórias de vencedores, esquecemo-nos de coisas básicas que eles observaram para alcançar as maravilhas de Deus. Quero convidá-los a considerar comigo, a partir de agora, o que diz respeito a essas coisas:

1 - **Focar em pessoas certas.** Existem muitos que se apresentam a nós, querendo ser nossos referenciais na vida. Se não tivermos o nosso foco em pessoas certas, afundaremos. A Bíblia diz que a má conversação corrompe os bons costumes. Imagine o que podem causar, em nossa vida, os maus exemplos. Sempre escuto pessoas dizendo assim: Não olhe para mim, olhe para Jesus. Nessa hora, recordo de uma passagem bíblica, em que Pedro, antes de curar um aleijado, em nome de Jesus, disse: Olha para nós. Ou seja, as pessoas precisam olhar para alguém como modelo, como referencial. Paulo também disse: Sejam meus imitadores, assim como sou de Cristo. Isso posto, uma coisa é certa: precisamos de referenciais. Mas quem tem sido os nossos referenciais? Isso faz toda a diferença, se eu pretendo, de verdade, alcançar vitórias de Deus.

2 - **Discernir o tempo certo.** Quantas coisas certas fazemos, porém, em tempo errado! Resultado: dá tudo errado. Vejo, hoje, como a precipitação nos relacionamentos está acabando com a real possibilidade de darem certo. Pessoas que se conhecem e já estão marcando casamento. Outras estão se endividando, porque querem ter algo que ainda não é hora de comprar. Outras estão perdendo o emprego, porque acharam que era hora de montar seu próprio empreendimento, sem nenhuma orientação, e ainda

chamam isso de fé. O próprio Jesus discerniu perfeitamente o tempo certo de todas as coisas que tinha para fazer. Já parou para pensar porque, muitas vezes, ele curava alguém e dizia não conte a ninguém? Na verdade, Ele sabia que, se as autoridades descobrissem que Ele era o Filho de Deus, antes da hora, teria seu ministério interrompido, e muitas coisas que ainda tinha que realizar ficariam por fazer. Contudo, tenha coragem de olhar para a sua vida e observar se as coisas que tem feito estão realmente na hora certa. Lembre-se de que fazer o certo na hora errada é o mesmo que errar por completo. E isso impede que você experimente as maravilhas de Deus.

3 - **Estar no lugar certo.** Quando penso nisso, lembro-me do rei Davi, aquele de quem a Bíblia diz: *Esse era o homem segundo o coração de Deus*. Esse mesmo Davi, tão admirado e respeitado até os dias de hoje entre os judeus, cometeu uma gravíssima falha, deitou-se com a esposa de um dos seus comandados. Como se não bastasse esse erro, deu um jeito para que o esposo dela fosse para o lugar de maior perigo durante a guerra, e aconteceu que o homem morreu. Isso marcou a vida de Davi e, apesar de todos os seus acertos, tal erro sempre será lembrado. Mas por que isso aconteceu? A Bíblia afirma, no livro de Samuel, que, na primavera, época em que os reis saíam para a guerra, Davi ficou no palácio em Jerusalém. Foi

nesse momento que ele viu Bate-Seba e a desejou. Se ele estivesse onde deveria estar, ou seja, no campo de batalha com seus soldados, isso não teria acontecido. Isso deve nos levar a pensar: por onde temos andado? Estar no lugar certo, pode fazer toda a diferença.

TUDO VALE A PENA

Se conseguirmos administrar melhor o nosso coração ou a nossa alma, teremos uma vida de atitudes mais corretas e sinceras.

Esse título é uma frase de Fernando Pessoa, e é com ela que convido você a refletir sobre algumas questões extremamente importantes para a nossa vida.

Qual a verdadeira intenção do nosso coração nas coisas que fazemos? A pergunta se justifica pelo motivo de que todas as nossas ações se principiam exatamente aí, final das contas, as intenções antecedem nossos atos.

Acredito que, se conseguirmos ter a sabedoria necessária para analisar o nosso coração antes de determinadas atitudes, teremos uma probabilidade muito maior de acertar nas nossas ações, otimizando-as de tal forma que o resultado será surpreendentemente bem-sucedido.

É isso que o poeta quis dizer com "tudo vale a pena quando a alma não é pequena". Ou seja, é importante valorizar as intenções mais do que as ações e, consequentemente, seus resultados.

Fico maravilhado quando qualquer pensamento, aparentemente, ou altamente, ou puramente filosófico, encontra respaldo e sustentação na Palavra de Deus, isto é, na Bíblia Sagrada. Jesus disse assim:

O homem bom tira coisas boas do bom tesouro que está em seu coração, e o homem mau tira coisas más do que está em seu coração, porque a sua boca fala do que está cheio o coração (**Lucas, 6:45**).

Isso quer dizer o seguinte: o que falamos (assim como as nossas atitudes) nascem no coração, no íntimo do homem. Dessarte, se conseguirmos administrar melhor o nosso coração – ou a nossa alma, como queiram, teremos uma vida de atitudes mais corretas e sinceras e, com certeza, machucaremos menos as pessoas a nossa volta. Porém, há de se ter outros cuidados, pois tenho certeza de que Fernando Pessoa, fazendo uso dos exageros permitidos aos poetas, não quis dizer que apenas as boas intenções vão conseguir justificar todas as nossas ações. Então, cuidado!

Observe que eu lhes convidei a uma reflexão. Se sondarmos as nossas intenções, estaremos em condições de evitar determinadas atitudes que poderiam ser danosas aos que nos cercam e até mesmo a nós, por tabela. Sabemos que a vida não é tão previsível assim (e não é para ser), entretanto, um pouco mais de atenção não custa nada, e o nosso coração agradecerá.

Concluindo, quero convidar você a fazer a seguinte pergunta a respeito das coisas que anda fazendo e daquelas que tem planejado: o que estou fazendo é de coração? E mais: qual a intenção do que estou fazendo?

PR. LUIZ ANTONIO

UM GESTO PODE MUDAR TUDO

Existem gestos tão importantes que se tornam, inclusive, símbolos de uma ideologia.

É impressionante como um gesto pode mudar muita coisa em nossa vida - mudar pessoas, mudar o humor, mudar a disposição, mudar situações, um simples gesto pode mudar um casamento, pode mudar o relacionamento com os filhos. Um gesto pode também dar início ou acabar com uma guerra, e a história nos mostra isso claramente. Existem gestos tão importantes que se tornam, inclusive, símbolos de uma ideologia.

Mas, ao mesmo tempo, é impressionante a resistência que, muitas vezes, temos para praticar tais gestos, mesmo sabendo que eles mudariam situações. Talvez isso aconteça por causa do orgulho de muitas pessoas que não querem dar o braço a torcer. Ou por causa do medo, medo de não ser correspondido, medo de ser mal interpretado; ou, ainda, por causa da mágoa, pois, de repente, o ferimento no coração é tão grande que a pessoa se sente incapaz de ir em direção a outra e ter um gesto de carinho, de reconciliação. Um gesto pode demonstrar o valor que o outro tem para nós e como isso é importante.

Veja que não estou falando de bajulação. Isso é prejudicial, é mentiroso. Estou falando daquela atitude de realmente declararmos, através dos gestos, a importância que o outro tem em nossa vida.

No evangelho de João, capítulo 12, há o relato de uma ocasião em que Jesus estava em momento difícil de Sua vida, e foi à casa de Lázaro. A perseguição havia aumentado por parte dos religiosos para com Jesus, justamente devido ao milagre da ressurreição de Lázaro. Muitos começaram a perceber que Jesus estava tendo um número maior de seguidores do que os religiosos daquela época. Assim, Ele procurou ter um momento de aconchego na casa de Lázaro.

Enquanto estavam jantando, Maria, irmã de Lázaro, foi até Jesus e banhou-lhe os pés com um perfume precioso. Um dos discípulos de Jesus, Judas (que mais tarde o trairia) repreendeu

Maria pelo gesto, dizendo que teria sido melhor vender o perfume e, com o dinheiro, ajudar os pobres – na verdade, a intenção de Judas, que era tesoureiro da equipe missionária de Jesus e seus discípulos, era ter o dinheiro daquele perfume em suas mãos para que o pudesse roubar.

Mas Jesus disse:

Deixe que ela faça isso, na verdade, está preparando o meu corpo para a sepultura. Ou seja, Jesus aceitou aquele gesto, como se dissesse que precisava daquilo. E quem não precisa ser valorizado?

Esperamos esse gesto de valorização da nossa família, do cônjuge, dos amigos, dos colegas no trabalho, e quando isso não vem, ficamos tristes. Porém, devemos fazer aquilo que queremos que também nos façam.

Será que temos lembrado de termos gestos de valorização para com aqueles que nos são caros e importantes? Temos lembrado de abraçar e até de presentear? E, por que não? Nossa! Como é tremendo o estender de uma mão em certas situações! Como é poderoso um abraço em alguém que estava quase se tornando um inimigo! Como é transformador um pai chegar para buscar o filho no colégio ou ainda assistir ao seu joguinho de futebol! Ainda há tempo para isso.

Veja o que o Espírito Santo está falando a você agora e coloque em prática. Pode ser que um simples gesto de valorização acabe com o semblante sisudo daquela pessoa, pode ser que um simples beijinho, acompanhado de um sorriso desarmado mude tudo para melhor em um relacionamento.

Acredito que se tivermos uma vida mais leve, se conseguirmos viver sem tantos receios, e dermos um pouco mais de vazão aos anseios do nosso coração, conseguiremos fazer do ambiente em que vivemos um lugar muito melhor e as pessoas que nos cercam que nos são tão especiais serão também mais felizes.

PR. LUIZ ANTONIO

VOLTE A LANÇAR AS REDES

Talvez, você já tenha feito diversas tentativas, mas, por não ter dado certo ainda, você pode estar cansado.

Em certa ocasião, enquanto Jesus estava falando com uma multidão, pessoas começaram a se aproximar d'Ele, querendo ficar cada vez mais perto. Então, observando um grupo de pescadores lavando as redes, Jesus pediu a eles para usar um dos seus barcos, e aqueles homens permitiram. Jesus entrou no barco, se afastou da margem e usou a própria água para criar uma distância confortável a fim de ser visualizado por todos e continuar falando com a multidão.

Após terminar sua pregação, despediu-se da multidão e virou-se para Pedro, o líder dos pescadores, dizendo: Volte a lançar as redes. Pedro respondeu: *Mestre, trabalhamos a noite toda e nada apanhamos, mas, mediante as tuas palavras, voltaremos a lançar as redes. E assim fizeram. Voltaram ao mar no mesmo lugar onde passaram a noite toda trabalhando sem nada conseguir, lançaram as redes.* Para surpresa de todos eles, as redes começaram a ficar pesadas, tanto que Pedro gritou: *Ei, Tiago, venha me ajudar!* E Tiago respondeu: *Não dá, minhas redes também estão cheias.* Essa pesca foi a maior de toda a vida daqueles pescadores. Por isso, essa passagem bíblica ficou conhecida como a pesca maravilhosa.

Essa história nos faz pensar em situações semelhantes que acontecem na vida de tanta gente. Quantas vezes encontramos pessoas lavando as redes, ou seja, desistindo de tentar mais uma vez, desistindo de lutar pelo casamento, desistindo de ver um filho fora das drogas, desistindo de esperar uma promoção onde trabalha, desistindo de um amor, desistindo dos sonhos, lavando as redes. Mas, de repente, chega Jesus, através de um texto de jornal, e lhe diz: *Lance novamente as redes.* É o que está acontecendo agora, Jesus está lhe dizendo para não desistir, para lançar as redes.

Veja que Pedro, na sua conhecida sinceridade, disse a Jesus que ele e os demais pescadores haviam trabalhado a noite inteira e nada conseguiram, mas que, mediante a palavra de Jesus, voltariam a pescar. Da mesma forma, isso pode ter acontecido com você.

Talvez, você já tenha feito diversas tentativas para obter êxito em uma determinada situação, porém, por não ter dado certo ainda, você pode estar cansado. Entretanto, mediante a palavra de Jesus, insista mais uma vez, não jogue a toalha, a vitória é dos perseverantes, dos que não desistem.

É possível que você não tenha mais forças para continuar, mas a Bíblia nos diz que *maior é o que está dentro de nós do que o que está no mundo*.

Portanto, busque em Deus a força que você precisa para continuar lutando, e receberá em sua vida coisas maiores do que possa imaginar.

Volte a lançar as redes!

VIVENDO A VIDA

VIVA OS MOMENTOS DE "BOBEIRA"

As pessoas trabalham com metas a serem atingidas, e ai delas se isso não acontecer.

Você já parou para pensar na terrível pressão que existe sobre todo e qualquer cidadão responsável em nossos dias? Vivemos em um tempo em que não é mais suficiente matar um leão por dia, mas, no mínimo, dois, e ainda deixar um terceiro amarrado para matar no dia seguinte. A cobrança é massacrante! Já ouvi diversos palestrantes motivacionais dizerem que o mundo não tem mais espaço para os ótimos. Precisamos ser excelentes (isso é que é motivação). As pessoas trabalham com metas a serem atingidas, e ai delas se isso não acontecer.

Também existem as cobranças em casa. Se for o homem, tem que ser carinhoso com a esposa, ouvir sobre como foi o dia dela e ainda se mostrar curioso em relação ao capítulo de hoje da novela. Ah...

Tem que brincar com os filhos, gostar de videogame, e se mostrar supersimpático com os coleguinhas deles, senão, isso poderá acarretar problemas psicológicos mais tarde. Se for a mulher, então... Meu Deus do céu! Aí é que fica mais complicado porque, depois de um dia cheio de trabalho, quando se teve que matar quatro leões (lembra que eu disse dois leões? Isso é para os homens), ao chegar em casa, vai ter que dar conta de uma série de coisas, afinal, ela não quis trabalhar e conquistar seus direitos? Pois é, nessa correria toda, sobra até para as crianças, porque agora elas precisam fazer Vestibulinho para entrar em escola boa. Ao chegarem do colégio, vão à banca, depois, vão à aula de francês, e depois, à aula de judô, e depois... e depois...

As crianças não brincam mais, tornam-se adultos antes da hora. Como é que ainda nos admiramos com essa sociedade tão acelerada, produzindo a todo vapor pessoas estressadas, propensas às drogas e bebidas, e outras "coisitas" mais? Não deveríamos mais nos espantar com isso, pois é um caminho lógico pelo tipo de vida que as pessoas estão levando. E olha que eu nem falei sobre o cuidado exagerado com o corpo e outras "nóias" relacionadas à beleza. Então, por isso, estou dizendo e propondo, viva os momentos de "BOBEIRA"! Sabe, o especialista em vida, Jesus, nos ensinou isso, porque Ele conseguia ter momentos em que poderiam ser considerados "de bobeira".

Quantas vezes encontramos a Bíblia Sagrada falando de Jesus presente na casa de alguém, ou almoçando, ou festejando alguma coisa? Muitas vezes! Jesus se dava ao luxo de parar tudo em uma conversa com adultos onde tratava sobre assuntos espirituais, e dar um longo período de atenção às crianças que corriam para seus braços. Jesus, depois que os discípulos voltavam de uma missão e queriam compartilhar, entusiasmadamente, o que havia acontecido, os convidava primeiro para um piquenique. Olha que belo jeito de viver a essência dos momentos da vida!

Eu já ouvi também que um certo cientista dizia ter em seu laboratório uma cama, pois, quando não conseguia encontrar o resultado de uma fórmula, ele optava por ir dormir, descansar e, quando acordava, a fórmula estava na cabeça. Ei! Descanse mais! Viva mais! E lembre-se dessas palavras ditas por Jesus (Mateus 6: 25, 34):

Portanto eu lhes digo: Não se preocupem com sua própria vida, quanto ao que comer ou beber; nem com seu próprio corpo, quanto ao que vestir. Não é a vida mais importante que a comida, e o corpo mais importante que a roupa? Observem as aves do céu: não semeiam, nem colhem, nem armazenam em celeiros; contudo, o Pai celestial as alimenta. Não têm vocês mui-

to mais valor do que elas? Quem de vocês, por mais que se preocupe, pode acrescentar uma hora que seja à sua vida? Por que vocês se preocupam com roupas? Vejam como crescem os lírios do campo. Eles não trabalham nem tecem. Contudo, eu lhes digo que nem Salomão, em todo o seu esplendor, vestiu-se como um deles. Se Deus veste assim a erva do campo, que hoje existe e amanhã é lançada ao fogo, não vestirá muito mais a vocês, homens de pequena fé? Portanto, não se preocupem, dizendo: que vamos comer? ou que vamos beber? ou que vamos vestir? Pois os pagãos é que correm atrás dessas coisas; mas o Pai celestial sabe que vocês precisam delas. Busquem, pois, em primeiro lugar o Reino de Deus e a sua justiça, e todas essas coisas lhes serão acrescentadas. Portanto, não se preocupem com o amanhã, pois o amanhã trará as suas próprias preocupações. Basta a cada dia o seu próprio mal.

MARIA

Ah, que bom se pudéssemos ser como Maria!

É interessante notar como existem comentários populares que se tornam inquestionáveis e como muitas pessoas os tomam por verdade. Um deles é este: *evangélicos não gostam de Maria*, mas isso não é verdade. Sou cristão evangélico desde os meus 15 anos de idade (sou de 1965), pastor há 33 anos e nunca ouvi de um cristão evangélico (estou falando dos normais, e não de fanáticos) a declaração de que não gostasse de Maria.

Isso, na verdade, é algo que se torna impossível, já que os cristãos evangélicos primam em andar segundo as orientações bíblicas, e é exatamente na Bíblia que aprendemos a admirar Maria, afinal, lá está escrito que ela foi bendita entre as mulheres. Seu exemplo e sua dedicação foram fatos marcantes e fundamentais para o Cristianismo. Às vezes, fico imaginando o tamanho do desafio dela: receber a visita de um anjo que dizia que ela ficaria grávida sem nunca ter estado com um homem e, mesmo sem entender com perfeição como isso se daria, ela disse: *Eu sou uma serva de Deus, que aconteça comigo o que o Senhor acabou de dizer.* Dá para imaginar o que foi isso para a cabeça de uma jovenzinha israelita há mais de dois mil anos? Maria foi demais! Que mulher! Quem dera que todos nós pudéssemos tomá-la como exemplo de serva do Altíssimo.

Sabe onde está a pseudo confusão que fazem sobre o que pensam os cristãos evangélicos a respeito de Maria? O cristão evangélico, como já falei, entende a Bíblia Sagrada como a Palavra de Deus que, portanto, deve ser nossa via de regra, já que é com ela que vamos aprender tudo a respeito das coisas do próprio Deus. Na Bíblia, aprendemos que existe apenas um que pode salvar o homem, um só mediador entre Deus e o homem - inclusive, isso é dito na primeira carta de Paulo a Timóteo, no capítulo 2, versículos 5 e 6: *Pois existe um só Deus e uma só pessoa que une Deus com os seres humanos – o ser humano Cristo Jesus, que deu a sua vida para que todos fiquem livres dos seus pecados. Esta foi a prova, dada no tempo certo, de que Deus quer que todos sejam salvos.*

As pessoas precisam saber que, para que tenhamos possibilidade de salvação, é necessário o cumprimento da promessa bíblica do Senhor: *O verbo se fez carne*, a Palavra virou gente e habitou entre nós, Aquele que é Deus se fez homem para nos salvar e esse homem foi JESUS. Portanto, a despeito de toda reverência, admiração e respeito por Maria, reconhecemos que só Jesus Cristo pode salvar o homem, e ainda, segundo a Bíblia Sagrada, somente Deus deve receber toda a adoração e ninguém mais: nem os apóstolos nem os santos homens e mulheres de Deus nem pastor nem padre, nem igreja, nem líder algum, somente Jesus - o Deus que venceu a morte é digno de receber toda a adoração e o louvor.

 É verdade, também, que pessoas defendem o seguinte: Eu não adoro Maria, mas venero; adoração somente a Jesus. O problema é que adoração e veneração podem ser apenas parte de um jogo de palavras, mas o que conta, na verdade, são nossas atitudes. Quer dizer, nossas atitudes têm que ser de adoração somente e tão somente a Jesus, isso se quisermos andar segundo os ensinamentos verdadeiramente cristãos. Por isso, posso concluir assim: ah, que bom se pudéssemos ser como Maria! Que mulher extraordinária! Ela mesma apresentou a sua real e verdadeira posição diante do anjo que a visitou, quando disse *sou SERVA do Senhor*. Jesus, entretanto, afirmou: *Eu sou o Pão vivo que desceu do céu*. Então, quem disse que os evangélicos não gostam de Maria?

PR. LUIZ ANTONIO

QUEM FICA COM O NOSSO MELHOR?

Não deixe o tempo passar sem que você perceba o que precisa melhorar.

De tanto ouvir maridos reclamando de esposas e esposas reclamando de maridos, filhos reclamando de pais e pais reclamando de filhos, fico me questionando: quem fica com o nosso melhor? Às vezes, ouço reclamações a respeito de alguém que conheço ou penso conhecer, e fico admirado, porque a pessoa que está sendo descrita por um familiar seu não parece ser a mesma que eu conheço. A pessoa que conheço é gentil, educada; aparentemente, incapaz de magoar alguém, mas me contam que aquela pessoa destratou e ofendeu alguém da família. Como é que pode? Dupla personalidade? Não, acho que não.

Acontece que, infelizmente, é comum o ser humano tratar as pessoas que mais gosta de um jeito rude, sem cuidados. Dá uma impressão de que a pessoa pensa mais ou menos assim: Quer saber? Já basta eu ter que aturar coisas que não gosto de certas pessoas, para ser politicamente correto; ter que engolir certos desaforos para não perder o emprego, por exemplo. Por isso, em casa, não tem essa, não. Se provocar, leva e se quiser, é assim. Então, acaba sobrando para o cônjuge, para os filhos, ou seja, para aqueles que mais amamos. Em contrapartida, as pessoas que mais nos afligem, nos magoam, até mesmo nos usam, são as pessoas que ficam com o nosso melhor: o melhor sorriso, o melhor da nossa educação, o melhor da nossa atenção, o melhor do nosso desempenho e ficam até com a maior parte do nosso tempo. Acredito que devemos refletir sobre isso.

Existe marido que não conserta aquele bendito vazamento da pia (e olha que a esposa está pedindo há mais de um mês), mas se a vizinha pedir uma ajuda, ele vai naquela mesma hora. Também tem aquela esposa que, para a família, cozinha de qualquer jeito, mas, se chegar uma visita, o atendimento é *vip*: a melhor receita, o melhor aparelho de jantar, a famosa toalha de renda que ganhou da vovó. E a família, será que não merece ter o melhor das habilidades dessa mãe? Veja essa orientação do Apóstolo Paulo:

Se alguém não cuida de seus parentes, e especialmente dos de sua própria família, negou a fé e é pior que um descrente.

A nossa família precisa ficar com o nosso melhor. Não deixe o tempo passar sem que você perceba o que precisa melhorar no relacionamento com seu cônjuge e com seus filhos! De que adianta você ser homenageado no trabalho, reconhecido como pessoa de sucesso nos seus empreendimentos, mas ser desaprovado dentro de casa?

É lógico que não sou a favor de que façamos as coisas de qualquer jeito na vida secular, tampouco estou dizendo que os estranhos devem ficar com o nosso pior. Uma coisa é certa: se há alguém que merece o melhor de nós são os nossos familiares, pois eles que enfrentam conosco os mais difíceis momentos da vida.

VIVENDO A VIDA

A NUVEM

O grande desafio: permanecer debaixo da orientação de Deus, onde há proteção, cuidado e milagres.

Na Bíblia Sagrada, no Velho Testamento, está registrada uma história muito interessante sobre uma nuvem que pousou sobre o tabernáculo, lugar de adoração do povo hebreu, logo após a sua conclusão. Aquela nuvem significava a presença de Deus sobre o seu povo. Interessante é que a nuvem se movimentava com o propósito de guiar o povo de Deus e, por ela, representar a presença do próprio Senhor junto ao seu povo. Isso era levado tão a sério que, no mesmo momento em que a nuvem começava a se movimentar, o povo levantava acampamento e a seguia. Se ela parasse, o povo também parava. Era um símbolo da proteção de Deus - estar debaixo dela era estar debaixo dos cuidados de Deus.

A Bíblia diz que aquela nuvem poderia ficar num mesmo lugar por um dia, por uma semana, por um mês ou mais, mas o povo permanecia fiel em se movimentar apenas de acordo com o movimento da nuvem. A nuvem, durante o dia, aplacava o furor do sol e, durante a noite, ela se transformava em uma coluna de fogo para iluminar o caminho no deserto e ainda aquecer o povo – já que, durante a noite, a temperatura pode ficar negativa. Vale, então, lembrar que o nosso Deus é socorro para todas as horas e situações da vida.

Pois bem, fazendo agora uma analogia com o nosso dia a dia, essa nuvem continua existindo, isto é, a presença de Deus continua sobre nós, mas será que temos tido o cuidado de permanecer debaixo dela? Já parou para pensar que a maioria dos problemas que enfrentamos está relacionada com as decisões erradas que tomamos no passado? Ou seja, momentos de nossa vida em que ficamos fora da nuvem, fora dos cuidados de Deus.

A história bíblica nos diz que aquela nuvem, às vezes, parava apenas um dia sobre o acampamento e, logo, se movimentava. Não deve ter sido fácil para eles, pois, tendo acabado de chegar, de repente, precisavam sair. Também não é fácil para nós quando queremos permanecer numa situação e todos os indicativos de Deus é para que a gente se movimente. Outras vezes, a nuvem ficava por muito tempo parada. Desse jeito, também não é fácil para nós. Geralmente, queremos que alguma coisa aconteça, e achamos que podemos agir do nosso modo, pelo nosso impulso, enquanto Deus está nos orientando a esperar. Eis o nosso grande desafio: permanecer debaixo da nuvem, permanecer debaixo da orientação de Deus, onde há proteção, cuidado e milagres. Do contrário, não adianta a gente ficar clamando e dizendo: Ai, meu Deus, me ajude!, porque, na verdade, Deus só vai ter compromisso com aqueles que permanecem debaixo da nuvem.

PR. LUIZ ANTONIO

CONGRUÊNCIA: FÉ E AÇÃO

Este é o momento de provar em quem você tem crido.

Se você parar a primeira pessoa que estiver passando por perto agora e perguntar: Você acredita em Deus? Ela - talvez até em tom ofensivo - vai responder: —Isso é pergunta que se faça? Lógico que eu acredito em Deus! Pois é, teorizar é fácil, mas a fé, na prática, é outra coisa.

A Bíblia nos conta um caso que chega a ser engraçado. Quando o apóstolo Pedro estava preso, a Igreja, que se reunia às escondidas, estava orando na casa de uma das fiéis, pedindo que Deus operasse o milagre da libertação dele. Deus ouviu a oração e operou o milagre enviando um anjo, que apareceu dentro do cárcere, libertou Pedro quebrando os grilhões, o fez passar pelos guardas sem ser visto, e ainda abriu os portões da cadeia de forma milagrosa para que ele pudesse sair. Quando

Pedro saiu, imaginando que a Igreja estava orando na casa daquela irmã, foi imediatamente para lá, onde, ao chegar, bateu à porta e uma jovem chamada Rode abriu a portinhola, que servia como um olho mágico maior, para observar quem era. Vendo que era Pedro quem estava à porta, a jovem não acreditou, e surpresa, fechou a portinhola e foi contar ao grupo de oração o que havia visto. No entanto, eles também não acreditaram e demoraram para receber o seu líder.

Pense comigo, como é que pode? Não estavam eles orando pela libertação de Pedro? Como não acreditaram que ele estava solto? Assim, também acontece com muitos em nossos dias: dizem ter fé, mas, na prática, demonstram dúvidas. Na verdade, há pessoas que pedem alguma coisa para Deus apenas por crença religiosa ou até por misticismo. São pessoas que, do mesmo jeito que acreditam em Deus, acreditam também em bater três vezes na madeira, usar fitinha no braço, ou seja, fazer de Deus apenas um mito, um artigo da religião.

A Bíblia diz que o cristão *andará por fé e não por vista*. Andar significa agir, e será que temos agido por fé? Quantos dizem ter fé, porém, diante dos problemas, entram em desespero, falam besteiras e até blasfemam contra Deus? Não acho que, em nome da fé, devamos ser insensíveis ou até irresponsáveis querendo atribuir a responsabilidade que é nossa, a Deus. Acho, sim, que a nossa fé tem que ter ressonância em nossas atitudes. Como pode uma pessoa que diz acreditar em Deus duvidar do amor d'Ele? Como pode uma pessoa que acredita em Deus não confiar nos seus cuidados e saber que, mesmo nas horas mais difíceis, Ele entrará com providência? Como pode uma pessoa que acredita em Deus inventar tantas desculpas para não ir à casa d'Ele? Portanto, que tenhamos coragem para pensar e repensar em nossa forma de viver a fé que dizemos ter.

Talvez você esteja enfrentando um momento de grande dificuldade, e esse é o momento de provar em quem você tem crido. Não entre em desespero, não fale palavras que machucam o coração de Deus. Lembre-se de que, em outras situações difíceis pelas quais você já passou, quando parecia que não havia uma saída, Deus o ajudou, o socorreu e você venceu. Então, saiba que esse mesmo Deus continua com você e, certamente, lhe dará vitórias, lhe trará livramentos, tão somente faça a sua parte, porque Ele não falha e fará a parte d'Ele. No Velho Testamento, a orientação é que não se deveria plantar duas sementes numa mesma cova, porque uma haveria de matar a outra e não nasceria nada. De igual modo, não deixe que saia da sua boca palavras de fé, enquanto as atitudes são de descrença. Seja coerente, confie em Deus sempre!

VIVENDO A VIDA

A QUEM VOCÊ QUER AGRADAR?

É muito triste quando percebemos que não conseguimos agradar as pessoas, principalmente quando são pessoas especiais para nós.

Muitas pessoas não estão vivendo a própria vida de verdade, mas vivendo de tal forma que possam agradar aos outros. Será que isso está correto? Jesus, numa conversa com o povo, comentou o seguinte: *João Batista não comia e não bebia e vocês diziam que ele tinha demônio; a mim, vocês chamam de comilão e beberrão e ainda amigo de pecadores.* Na verdade, Jesus estava querendo dizer que nunca conseguimos agradar os outros, e isto é fato. Pare para pensar e veja se na sua vida isso também acontece. Quantas vezes ficamos tristes depois de termos feito o nosso melhor dentro de uma situação, ou em favor de uma pessoa em especial e, de repente, quando estamos prontos para receber os elogios, a gratidão, o que recebemos mesmo é a crítica, a reclamação, a murmuração e ainda ouvimos as pessoas dizerem que estamos deixando a desejar. Isso acontece em relação aos amigos, à vida amorosa, à família, ao trabalho... Poxa! É muito triste quando percebemos que não conseguimos agradar as pessoas, principalmente quando são pessoas especiais para nós.

Por outro lado, alguém pode estar dizendo: muito bem! Então, vamos viver para agradar a nós mesmos. Isso também não funciona. Veja o que diz a Bíblia Sagrada: *Quem ama o dinheiro jamais terá o suficiente; quem ama as riquezas jamais ficará satisfeito com os seus rendimentos. Isso também não faz sentido. Quando aumentam os bens, também aumentam os que o consomem. E que benefício trazem os bens a quem os possui, senão dar um pouco de alegria aos seus olhos? O sono do trabalhador é ameno, quer coma pouco quer coma muito, mas a fartura de um homem rico não lhe dá tranquilidade para dormir. Há um mal terrível que vi debaixo do sol: riquezas acumuladas para infelicidade do seu possuidor. Se as riquezas dele se perdem num mau negócio, nada ficará para o filho que lhe nascer. O homem sai nu do ventre de sua mãe, e como vem, assim vai. De todo o trabalho em que se esforçou nada levará consigo.* (Eclesiastes 5:10-15).

O resumo desse trecho das Escrituras Sagradas é o seguinte: nunca estamos satisfeitos, estamos sempre querendo mais. Veja que isso acontece conosco o tempo todo. Queremos um carro e conseguimos. Daqui a pouco, esse carro já não nos serve mais e queremos outro. Temos um celular agora e, daqui a pouco, queremos outro. E quer saber mais? Isso acontece até em relação a pessoas... Pois bem, o balanço é esse: se quisermos agradar aos outros, nos frustraremos, porque não conseguiremos; se quisermos agradar a nós mesmos, isso também acontecerá, pois também não teremos êxito. Por que será que acontece? Porque, na verdade, não fomos criados para agradar aos outros e nem a nós mesmos. A Bíblia nos ensina, no livro de Isaías, que fomos criados para a glória de Deus – Sua glória.

Também em Colossenses, capítulo 1, versículo 16, está escrito que fomos feitos por Ele e para Ele. Portanto, se não estivermos dentro do propósito para o qual fomos criados, estaremos vivendo infelizes, seremos como um lindo e precioso livro que foi escrito com o propósito de edificar os outros, mas está apenas sendo usado para escorar o pé de uma mesa. Viva para agradar a Deus. Fazendo isso, você viverá de bem com os outros e consigo mesmo.

PR. LUIZ ANTONIO

CADA UM CUIDA DA SUA VIDA

O que leva uma pessoa a agir assim?

Essa foi a frase que vi estampada em uma camiseta. No primeiro momento, apenas achei graça, mas, depois, parei para refletir e confesso que me entristeci, pois me lembrei de muitas situações que já vi. Pessoas que parecem não ter muita preocupação com a própria vida e, com isso, encontram tempo para cuidar da vida do outro. Isso me faz pensar: o que leva uma pessoa a agir assim? Até porque algumas pessoas não se limitam a fazer uma fofoquinha a respeito de alguém com o amigo mais próximo, todavia, só conseguem fazer passar a coceirinha na língua ao dedicarem sua vida a prejudicar a vida de outros. Parece um vício tão forte como qualquer outro que classificamos como terrível.

As consequências também são semelhantes aos

vícios, acabam com o usuário e também com quem está a sua volta. Às vezes, isso pode começar como se fosse uma brincadeira, apenas um pequeno e simples comentário sobre a vida de alguém, e quando se dá conta, lá está um caos instalado, mexendo com a honra das pessoas, famílias, negócios e assim por diante. É impressionante como essas pessoas não percebem que o que estão fazendo é errado, parece algo natural. Desculpe-me, mas pode ser que até você que está lendo esse comentário esteja concordando comigo, contudo, também esteja fazendo isso e nem perceba. Bem, para não incorrermos nesse erro, talvez seja melhor lembrar esse episódio atribuído a Sócrates: o filtro triplo.

Um dia, um conhecido se encontrou com o grande filósofo e disse:
— Sabe o que escutei sobre seu amigo?
— Espere um minuto, replicou Sócrates.
— Antes que me diga qualquer coisa, quero que passe por um pequeno exame. Eu o chamo de exame do triplo filtro.
— Triplo filtro? - perguntou o outro.
— Correto, continuou Sócrates.
— Antes que me fale sobre meu amigo, pode ser uma boa ideia filtrar três vezes o que vai dizer. É por isso que o chamo de "Exame do Triplo Filtro".
O primeiro filtro é a VERDADE.

Está absolutamente seguro de que o que vai me dizer é verdade?
— Não - disse o homem -, realmente só escutei sobre isso e...
— Bem, disse Sócrates, então você realmente não sabe se é verdade ou não. Agora, me permita aplicar o segundo filtro, o filtro da BONDADE. *É algo bom o que vai me dizer de meu amigo?*
— Não, pelo contrário...
— Então, deseja me dizer algo ruim dele, porém não está seguro de que seja verdade. Mesmo que agora eu quisesse escutá-lo, ainda não poderia, pois falta um filtro, o filtro da UTILIDADE. *Irá servir-me de algo, saber o que você vai me dizer do meu amigo?*
— Não, na verdade não.
— Bem - concluiu Sócrates. *Se o que deseja me dizer não sabe se é verdade ou não, nem bom e tampouco me será útil... Por que eu iria querer saber?*

Nossa, quantos problemas acontecem em empresas por causa disso, nas famílias, nos negócios e até nas igrejas, e entre as igrejas. Tentando achar resposta para a pergunta que eu me fiz - o que leva uma pessoa a agir assim? Eu digo que é o vazio de propósitos em sua vida. Geralmente, isso parte de pessoas infelizes, frustradas com elas mesmas, e parece não medir as consequências dos seus atos. Na verdade, todos nós precisamos dar sentido a nossa vida, mas algumas pessoas parecem se sentir realizadas quando conseguem falar mal de alguém para o outro. Existe uma estranha alegria em ver o mal do próximo. Quem nunca foi vítima de alguém que sofre desse mal? Aliás, essa artimanha é tão antiga que foi essa a arma usada por Satanás para enganar Eva. Ele fez uma fofoca sobre as intenções de Deus em pedir para que não comessem do fruto da árvore reservada pelo criador e insinuou que Deus não queria dividir seu conhecimento com o homem, conseguindo, então, enganar Eva. É preciso saber lidar com essa situação para que o problema não se agrave. Se você estiver sendo vítima de alguém que tem esse comportamento, em primeiro lugar, coloque essa pessoa nas mãos de Deus, obviamente, não com o propósito de pedir mal (até porque Deus não atenderia esse pedido), mas com o desejo de ver essa pessoa livre dessa "doença". Peça em oração ao Senhor que ela tenha a mente transformada, conscientizando-se de que, enquanto estiver cuidando da vida dos outros, ela mesma estará deixando de viver. Em segundo, não superestime o comentário da pessoa, e cuidado com aquele que veio lhe trazer a informação, pois ele pode também estar contaminado com o mesmo vírus "*fofocusmaldozus*".

A Bíblia Sagrada diz, em Provérbios, que há seis coisas que Deus não gosta no comportamento do homem, e depois de enumerar essas seis coisas, diz assim: *Mas a sétima Ele abomina, que é aquele que provoca contenda entre as pessoas.*

Minha oração é que o Senhor livre vocês e guarde-os da língua dos homens maus, e que lhes dê sabedoria para lidar com as situações adversas, pois sabemos que conversas erradas podem acabar com um relacionamento, seja de amizade, de trabalho, de namoro ou até de casamento. Lembrem-se de que um dos dons do Espírito Santo para a vida daqueles que buscam a Deus é o discernimento, portanto, se estiver em comunhão com o Pai, esse dom se manifestará sobre a sua vida e os mal-intencionados que aparecerem em seu caminho serão desmascarados em nome de Jesus.

REAL VALOR

Vivemos dias em que os valores estão sendo invertidos e, possivelmente, um dos principais motivos seja a coisificação do homem.

Vivemos dias em que os valores estão sendo invertidos e, possivelmente, um dos principais motivos seja a "coisificação" do homem. Esse tema tem sido motivo de diversas reflexões e, com certeza, você já deve ter ouvido a respeito dele em vários momentos. Eu gostaria de salientar que ele não é assunto novo, pois a Bíblia Sagrada já fala sobre situações semelhantes. Veja, por exemplo, esse episódio registrado no evangelho de Marcos, capítulo 8, versículos de 22 a 25:

Eles foram para Betsaida, e algumas pessoas trouxeram um cego a Jesus, suplicando-lhe que tocasse nele. Ele tomou o cego pela mão e o levou para fora do povoado. Depois de cuspir nos olhos do homem e impor-lhe as mãos, Jesus perguntou: "você

está vendo alguma coisa?" Ele levantou os olhos e disse: vejo pessoas; elas parecem árvores andando. Mais uma vez, Jesus colocou as mãos sobre os olhos do homem. Então, seus olhos foram abertos, e sua vista lhe foi restaurada, e ele via tudo claramente.
Essa é a única vez que a Bíblia registra uma cura realizada por Jesus em duas etapas e, com certeza, há um motivo para isso. Jesus estava ensinando sobre a necessidade de abrirmos mais a nossa visão a respeito do próximo. Veja só, aquele homem teve a visão restaurada, mas ainda via as pessoas como se fossem árvores, ou seja, ele não tinha discernimento do que via. Todos pareciam iguais, não tinham fisionomias para ele. Por isso, precisou de um segundo toque e só então passou a enxergar as pessoas distintamente e com clareza.

Entendo que o mesmo fato precisa acontecer conosco. A "coisificação" do homem nos impede de olhar para o ser que ele é e firmamos nosso olhar no ter, quer dizer, acabamos por valorizar as pessoas tão somente a partir dos seus títulos, e dos seus bens, como moradia, automóvel, roupas, joias, entre outros. E como isso é algo que está praticamente inserido no olhar da sociedade, corremos o risco de aplicá-lo também em nossa forma de vida. Como temos tratado aqueles dos quais podemos dizer que são menores que nós? Quando digo menores, refiro-me àqueles que dependem dos nossos conhecimentos, da nossa orientação, da nossa provisão. Como temos tratados os iguais? Aí, me refiro aos nossos familiares, cônjuges, pois esses, muitas vezes, ficam com o nosso pior.

Como temos lidado com os maiores que nós? Refiro-me aos que têm autoridade sobre nós, como os nossos pais, nossos líderes. Pois bem, se conseguirmos mudar para melhor o nosso relacionamento com essas pessoas, valorizando-as pelo que são e não pelo que têm, estaremos recebendo aquele segundo toque que o homem cego recebeu e passou a enxergar distintamente.

Por favor, pare para pensar, temos percebido o real valor das pessoas que estão à nossa volta? Elas são importantes para nós pelas coisas que possuem, ou pelo que são e significam em nossa vida?

PR. LUIZ ANTONIO

TRANSFORMANDO O CERTO EM ERRADO

Vamos abrindo mão de coisas que perdemos porque parecem pequenas, sem importância, no entanto, com o passar do tempo, percebemos que essas coisas pequenas agora significam.

É simples! Basta ir mudando o que é certo aos pouquinhos. É exatamente isso que vemos acontecer em nossa sociedade. Rui Barbosa disse: *De tanto ver triunfar as nulidades, de tanto ver prosperar a desonra, de tanto ver crescer a injustiça, de tanto ver agigantarem-se os poderes nas mãos dos maus, o homem chega a desanimar-se da virtude, a rir-se da honra e a ter vergonha de ser honesto.* Vergonha de ser honesto? Isso é possível? Sim. Isso vai acontecendo devagarzinho, sem que as pessoas deem conta.

Na verdade, é um grande desafio perceber isso, pois ficamos sempre preocupados em não sermos retrógrados, não nos tornarmos antiquados. Mas, entre modernizarmos os nossos pensamentos e mudarmos os nossos valores, há uma diferença muito grande.

Práticas simples do passado, como, por exemplo, um filho beijar as mãos dos pais antes de sair de casa, hoje, se contrastam com filhos que saem de casa sem ao menos dizer para onde vão e muito menos quando voltam. Não estou fazendo uma proposta para que todos tenham que voltar a beijar as mãos dos pais - apesar de que não seria má ideia, mas as coisas foram negociadas de tal forma que isso hoje soa como absurdo. E é assim que o errado vai chegando devagarzinho e vai ganhando espaço em nossa vida. Aí, vamos negociando, negociando, abrindo mão de algumas coisas que não parecem tão importantes assim e, daqui a pouco, estamos tomando o errado por certo.

Jesus conta uma parábola que nos dá uma boa ideia de como isso acontece. Trata-se da parábola da moeda perdida: *Ou qual a mulher que, tendo dez dracmas, se perder uma dracma, não acende a candeia, e varre a casa, e busca com diligência até a achar? E achando-a, convoca as amigas e vizinhas, dizendo: Alegrai-vos comigo, porque já achei a dracma perdida* (Lucas 15:8-10). Nessa parábola, Jesus conta a história de uma mulher que perdeu uma dracma. A dracma era uma moeda grega, equivalente a quase um denário romano, representando, em média, o salário de um dia de serviço naquela época e naquele local. Ela procura, atentamente, varre a casa, mexe nos móveis até encontrá-la. Sabe por quê? Porque, mesmo que a moeda fosse de tão grande valor, representaria o fato que, da mesma forma como aquela se perdeu, outras moedas poderiam se perder também.

É desse mesmo modo que acontece em nossa vida: vamos abrindo mão de coisas que perdemos porque parecem pequenas, sem importância, no entanto, com o passar do tempo, percebemos que essas coisas pequenas agora significam coisas grandes em sua totalidade. Isso acontece nas finanças, na área afetiva, na família, e também na vida espiritual. Às vezes, encontramos pessoas dizendo: Olha, quer saber? Já vai tarde, não estou nem aí.

Quero convidar você a pensar um pouquinho em tudo na sua vida. Faça um exercício mental agora e pense sobre certas mudanças, pequenos hábitos que foram sendo deixados e que, na verdade, a levaram a uma mudança maior. Como o distanciamento da família e de pessoas importantes, que, inclusive, sempre fizeram a diferença em sua vida, ou até o distanciamento da fé. Talvez o antídoto para isso seja pegar o caminho inverso, isto é, se isso aconteceu é porque você deixou de valorizar pequenas coisas e foi abrindo mão delas, que tal, agora, começar a partir desse ponto: começar das coisas pequenas? Que tal voltar a pedir a bênção à mãe? Que tal voltar a participar daqueles almoços de domingo em casa? Que tal voltar a ligar para aquele amigo apenas para dizer um "oi"? Que tal apenas olhar para o céu e dizer: Obrigado, Papai do Céu? Afinal, foi com essas pequenas coisas que tudo começou.

VITÓRIA

Vitória! Quem não a quer?

Vitória! Quem não a quer? Na verdade, vivemos perseguindo isso o tempo todo e em todo o tempo. Queremos vitória em nossa vida acadêmica, sentimental, financeira, familiar, espiritual, enfim, queremos vencer em tudo. Mas, às vezes, por observarmos apenas o final das histórias de vencedores, esquecemos de coisas básicas que eles tiveram de enfrentar para chegar ao lugar mais alto do pódio. São exatamente essas coisas para as quais quero convidá-los a considerar comigo a partir de agora:

Foco em coisas e pessoas certas. Existem muitos que se apresentam a nós, querendo ser nossos referenciais na vida. Se não tivermos um foco em coisas certas e em pessoas certas, afundaremos. A

Bíblia diz que *a má conversação corrompe os bons costumes* (I Coríntios, 15:33). Imagine, então, o que podem vir a fazer os maus exemplos. Sempre escuto pessoas dizendo assim: Não olhe para mim, olhe para Jesus. Nessa hora, recordo-me de uma passagem bíblica onde Pedro, antes de curar um aleijado em nome de Jesus, disse: *Olha para nós* (Atos, 3:4). Ou seja, as pessoas precisam olhar para alguém como modelo, como referencial. Paulo também disse: *Sejam meus imitadores, assim como sou de Cristo* (1 Coríntios, 11:1). Portanto, uma coisa é certa: precisamos de referenciais. Mas quem tem sido os nossos referenciais? Isso faz toda a diferença se pretender, de verdade, ser um vencedor.

Discernir o tempo certo. Quantas coisas certas que fazemos em tempo errado e o resultado é dar tudo errado? Vejo, hoje, como a precipitação nos relacionamentos está acabando com a real possibilidade de eles darem certo. Pessoas se conhecem e, depois de três meses, já estão marcando casamento e se tratando como pessoas que se conhecessem há décadas. Sabe, se você encontrou a pessoa certa, então não precisa ter pressa. Se é a pessoa certa, ela não vai fugir. Pessoas estão se endividando porque estão querendo ter algo que ainda não é hora de comprar. Outros estão perdendo emprego por achar que era hora de montar seu próprio empreendimento, e isso sem orientação alguma. Quer saber? Às vezes, chamam isso de fé. O próprio Jesus discerniu perfeitamente o tempo certo de todas as coisas que tinha para fazer. Já parou para pensar porque, muitas vezes, Ele curava alguém e dizia: *Não conte a ninguém...* (Mateus, 17:9)? Na verdade, Ele sabia que, se as autoridades descobrissem que Ele era o Filho de Deus antes da hora, teria seu ministério interrompido e muitas coisas ainda a realizar ficariam por fazer. Contudo, tenha coragem de olhar para a sua vida e observar se as coisas que tem feito estão realmente na hora certa. Lembre-se: fazer o certo na hora errada é o mesmo que errar por completo.

Estar no lugar certo. Quando penso nisso, lembro-me de Davi, o grande rei, aquele de quem a Bíblia diz: *Esse era o homem segundo o coração de Deus* (Atos 13:22). Mas esse mesmo Davi - admirado, respeitado até os dias de hoje entre os judeus - cometeu uma gravíssima falha: ele se deitou com a esposa de um dos seus comandados. Como se não bastasse esse erro, deu um jeito para que o esposo dela fosse para o lugar de maior perigo durante a guerra, e aconteceu o que ele planejou: o homem morreu. Isso marcou a vida de Davi e,

apesar de todos os seus acertos, esse erro sempre será lembrado. E como isso aconteceu? A Bíblia diz no livro de Samuel que, na primavera, época em que os reis saíam para a guerra, Davi ficou no palácio em Jerusalém. Foi nesse momento que ele viu Bate-Seba e a desejou. Se ele estivesse onde deveria estar, ou seja, no campo de batalha com seus soldados, isso não teria acontecido. Esse fato deve nos levar a pensar: por onde temos andado. Será que dá para ficarmos reclamando do que tem acontecido com os nossos filhos, quando paramos para pensar por onde eles têm andado? Será que dá para reclamar das famílias se esfacelando, quando observamos por onde os pais têm andado? É isso!
     Estar no lugar certo pode fazer toda a diferença. Que Jesus nos abençoe e possamos, com sabedoria, considerar esses fatores para chegarmos à vitória.

DE-CISÃO

Talvez seja esse o momento da maior prova de maturidade de cada ser humano: saber tomar as decisões certas, mesmo que isso lhe cause dor.

Coloquei um hífen na palavra decisão, a fim de chamar sua atenção para "*cisão*". A palavra *decisão* deriva de *decidere*, no latim, que também quer dizer cortar. Talvez seja por isso que tomar uma decisão geralmente cause tanta dor, seja tão difícil, porque, na verdade, ao tomarmos decisões, quase sempre estamos cortando, rompendo com alguma coisa e, como não somos masoquistas, fazemos todo o possível para evitar o sofrimento. O estranho em tudo isso é que, muitas vezes, o adiamento das decisões - que o fazemos para evitar dor - poderá causar uma dor ainda maior.

Porém, decisões são tomadas por nós, todos os dias e, muitas delas, fazem diferença em nossa vida. Pare para pensar e veja se a maioria dos problemas que hoje você enfrenta não é consequência de decisões erradas que tomou no passado. Um casamento que não deveria ter acontecido, uma mudança de emprego feita em hora imprópria, a compra de algo em momento errado, uma conversa que não deveria ter rolado, e assim por diante.

Por que será que certas pessoas têm tanta dificuldade para tomar decisões? Interessante, é que, mesmo sabendo o que deve ser feito, não havendo dúvidas sobre que caminho seguir, ainda assim, elas não conseguem se decidir. Acho que essa questão está relacionada a nossa base de vida, com nossos princípios, e ainda com o velho conflito interior entre a razão e a vontade. Aliás, o apóstolo Paulo - melhor que ninguém - falou sobre isso:

Não entendo o que faço. Pois não faço o que desejo, mas o que odeio. E, se faço o que não desejo, admito que a Lei é boa. Neste caso, não sou mais eu quem o faz, mas o pecado que habita em mim. Sei que nada de bom habita em mim, isto é, em minha carne. Porque tenho o desejo de fazer o que é bom, mas não consigo realizá-lo. (Romanos 7: 15-18).

Ele está mencionando essa luta entre o que sabemos que é certo e, portanto, devemos fazer, versus o nosso desejo, mesmo sabendo que não é o caminho certo. Dependendo da base que temos na vida, certamente iremos conseguir tomar as decisões certas. Por isso, a importância de uma família, de uma igreja, de uma formação de caráter.

Sabe, eu gostaria que você, que está diante de um impasse na vida e, portanto, não sabe que caminho seguir, não sabe o que fazer, pensasse nessas coisas que vou dizer: **primeiro**, se você tiver uma boa formação familiar ou religiosa, pode consultar o seu coração, que a resposta já estará lá há muito tempo. **Segundo**, busque ajuda, não julgue saber de tudo, você precisa de orientação. **Terceiro**, peça a Deus que lhe dê coragem de fazer o que é certo, pois fazendo o que é certo, poderá sempre contar com Ele. Do contrário, você estará sozinho.

Talvez seja esse o momento da maior prova de maturidade de cada ser humano: saber tomar as decisões certas, mesmo que isso possa causar dor. Mas saiba que essa dor será momentânea, vai passar e você sairá fortalecido da situação, pois fez o que deveria fazer.

DIVISOR DE ÁGUAS

Será que você também não está vivendo uma situação que pode se transformar em um divisor de águas?

Essa expressão, literalmente, significa uma linha imaginária separadora de águas pluviais caídas sobre as montanhas. Mas também é usada para designar um momento específico na vida de uma pessoa, quando um determinado acontecimento muda o seu rumo, ou seja, a sua vida é separada antes e depois daquele fato. Acredito que seja muito importante percebermos o momento que estamos vivendo e que realmente pode se transformar em um divisor de águas em nossa vida, pois entendo que o momento, por si mesmo, pode ser comum, mas a atitude que tomamos diante dele é que pode transformá-lo em uma marca em nossa vida.

No livro de Daniel, na Bíblia Sagrada, encontramos o relato de um momento desses, quando o próprio Daniel, embora tendo chegado ao império babilônico como um escravo, passou a se destacar tornando-se um dos três supervisores do império, com autoridade sobre mais de 120 sátrapas e governadores. Ele se destacou tanto que o rei Dario já pensava em colocá-lo como o principal supervisor. Bem, todos nós sabemos que quando alguém começa a crescer logo desperta a inveja dos mais fracos. E foi o que aconteceu. Os outros supervisores, por inveja, começaram a procurar alguma falha no trabalho de Daniel. A Bíblia diz que havia sobre Daniel um espírito de excelência dado por Deus e, por causa disso, seu trabalho era irrepreensível. Lembraram, então, que ele era um homem temente a Deus e procuraram encontrar em tal crença alguma coisa que pudesse comprometê-lo.

Tiveram, então, a ideia de levar ao rei a proposta de que durante 30 dias ninguém deve orar a nenhum deus, nem pedir nada a qualquer outro homem que não seja ao rei. E a pena para quem quebrar essa lei será a de ser jogado na cova dos leões. O rei, sem saber das intenções espúrias dos seus comandados, aceitou e assinou o decreto. A Bíblia diz que quando Daniel soube da publicação de tal decreto foi para casa e, como era costume fazer todos os dias, abriu a janela que dava para a banda de Jerusalém e começou a orar. Ao verem isso, seus opositores o prenderam e ele foi lançado na cova dos leões. Mas saiu de lá ileso, porque Deus o protegeu e, a partir daí, o rei baixou outro decreto que dizia: Saibam em todo o reino que não existe um Deus maior que o Deus de Daniel.

Pois bem! O que me chama a atenção é que Daniel poderia ter orado com as janelas fechadas, poderia ter orado escondido. Não haveria nenhum problema, pois estaria apenas sendo prudente. Na verdade, ele entendeu que aquele momento seria um divisor de águas, o que realmente foi, pois em um império cuja crença era politeísta e o nosso Deus era apenas mais um deus aos olhos daqueles homens, por causa de uma atitude especial de Daniel, de repente, passaram a conhecer o poder do Altíssimo.

Incentivo-o a observar o momento atual de sua vida. Será que você também não está vivendo uma situação que pode se transformar num divisor de águas? Não deixe passar as oportunidades! A atitude que você tiver diante de uma situação específica pode mudar a história de sua vida. Foi assim com muitos na humanidade, pode ser que tenha chegado a sua hora. Talvez a situação que você tanto lamenta, seja, na verdade, o seu divisor de águas. Tenha fé, seja ousado pela fé, e coisas grandes acontecerão em sua vida.

VIVENDO A VIDA

E DEPOIS?

O imediatismo pode atender nossas necessidades, sim, porém apenas por um momento.

Fico observando como o homem tem se tornado a cada dia mais e mais adepto ao imediatismo. Parece que temos pressa em ter pressa. Sabe, do jeito como as coisas estão indo, o pescador tradicional, com uma varinha de pescar e umas minhoquinhas na latinha vazia de massa de tomate vão se tornar extintos, pois isso parece pura perda de tempo. Afinal, por que esperar tanto para os peixes morderem a isca - aliás, esses parecem não ter pressa - se podemos comprar um peixão no mercado? Ou, ainda, comprar um peixe que não nada em águas tupiniquins no setor de importados dos grandes supermercados? Melhor ainda: podemos pegar o telefone e pedir um peixe prontinho, talvez um *sushi* que não precisa esperar para assar, não é verdade? Se você concordou com as opções que lhe dei, cuidado, você é adepto ao imediatismo. O imediatismo pode atender nossas necessidades, sim, porém apenas por um momento. É como se fosse um analgésico que diminui a dor, mas a causa pode continuar por lá. Além disso, ele pode nos impedir de passar pelo valiosíssimo processo de maturidade que vem também com o tempo. Mas, enquanto o imediatismo estiver ligado ao uso de micro-ondas ou de disque alguma coisa, tudo estará bem. O problema é quando isso é apenas o reflexo do que está acontecendo em outras áreas de nossas vidas. Pare para pensar e repensar sobre os problemas que hoje você enfrenta na vida se estão relacionados a decisões que foram tomadas no impulso de um momento? Os relacionamentos que estão se acabando, tão rapidamente, não são resultados de uma decisão precipitada de quem queria apenas uma aventura diferente?

Tomar decisões definitivas para situações temporárias pode ser um grande desastre. Vejo com preocupação pessoas que buscam uma alegria rápida demais e que, praticamente, não dá trabalho, pois dependem muito mais do que acontece a sua volta do que o que acontece dentro dela. Isso quer dizer que transferimos aos outros a responsabilidade de ser felizes, dependendo da qualidade da festa, do humor dos demais, dos elogios que recebemos, e por aí vai. Hoje, os adolescentes querem, a todo custo, deixar de ser um "BV" - boca virgem, e não se preocupam com quem vão beijando por aí. Os jovens querem "ficar", afinal isso dá menos trabalho e é mais rápido do que uma conquista com o olhar, o recadinho, uma frase ensaiada durante dias. O mais rápido é "ficar".

Os adultos, por sua vez, estão ficando adeptos aos relacionamentos sem muito compromisso, cada um na sua, ou então, como muitos fazem, casam-se tendo o divórcio como uma opção clara e objetiva para resolver qualquer problema que possa surgir. Será que isso tudo não será o reflexo de uma sociedade adepta ao imediatismo? Até mesmo a espiritualidade individual sofre terríveis prejuízos, pois as pessoas estão pensando apenas no agora. Mas... e depois? Lembro-me de um texto na Bíblia citado pelo sábio Salomão: *"alegre-se, jovem, na sua mocidade! Seja feliz o seu coração nos dias da sua juventude! Siga por onde seu coração mandar, até onde a sua vista alcançar; mas saiba que por todas essas coisas Deus o trará a julgamento"* (Eclesiastes 11:9).

Ou seja, é muito mais fácil errar no impulso do que quando paramos para pensar no que estamos fazendo. Como nos ensina esse texto, até podemos fazer o que nos der na cabeça, mas não devemos esquecer que tudo terá uma consequência. Quantas pessoas aproveitam esse período de festas para fazer tudo o que lhes vêm à cabeça, mas, depois, quando chegam em casa e colocam a cabeça no travesseiro para dormir, sentem um vazio tremendo na alma. Muitos chegam a chorar, sofrem de insônia, porque estão cuidando apenas de coisas efêmeras, mas não estão cuidando do espírito. São verdadeiras cascas. Na frente dos amigos, riem, são piadistas, aparentemente resolvidos, mas quando estão na companhia apenas do travesseiro, são tristes, confusos, carentes, sem saber que a verdadeira alegria está em Jesus, o especialista em vida.

Veja que não estou falando de religião, mas de Jesus. A própria religião também pode ser vazia se vivida apenas como fuga ou como fim, mas quando ela cumpre o papel de ser um meio pelo qual tenho mais conhecimento a respeito da pessoa de Jesus, e tenho então um encontro com Ele, a verdadeira felicidade, aquela que não depende apenas das circunstâncias, trará um sentido maior a minha vida. Portanto, antes de fazer qualquer coisa pense um pouquinho: e depois?

VIVENDO A VIDA

VOCÊ ESTÁ PREPARADO PARA PERDER?

Quem está preparado para perder é também quem está preparado para ganhar.

Nos tempos bíblicos, um fato comum era as pessoas levarem suas pendengas para o rei resolver. No primeiro livro de Reis, em seu capítulo 3, a Bíblia Sagrada nos conta a seguinte história: *Duas mulheres prostitutas que moravam numa mesma casa ficaram grávidas, sendo que a primeira deu à luz um menino e, três dias depois, a segunda também deu à luz um menino. Certa noite, a segunda mulher deitou por cima da sua criança e a matou. Vendo o que aconteceu, acordou pela madrugada e trocou as crianças, colocando seu filho morto na cama da outra e trazendo o filho vivo dela para sua cama. Durante a madrugada, a primeira mulher acordou para amamentar sua criança e viu que ela estava morta. Porém, ao amanhecer, percebeu que aquela não era a* sua criança, mas sim, a da outra, e que seu verdadeiro filho se encontrava vivo nos braços dela. *Quando a mulher reclamou, a outra mentiu, dizendo que seu filho era aquele que estava vivo e o morto era o dela. Então, levaram o caso ao rei. Quando começaram a discutir diante do rei Salomão, ele tomou a seguinte decisão: tragam-me uma espada, disse ele, cortem a criança viva ao meio e deem metade a uma e a outra metade a outra. Nesse momento, a mãe verdadeira disse: não, meu senhor. Não mate a criança. Pode entregar para ela, enquanto a outra dizia: pode cortar. Nem para mim e nem para ela. Diante disso, o rei deu o veredicto: podem entregar a criança para a primeira, ela é a mãe verdadeira.*

Sabe qual é uma das lições que tiramos dessa história? Que a mãe que escolheu perder o filho para a outra, para poupar a vida dele, foi a mãe que recebeu o filho dela de volta, ou seja: quem está preparado para perder é também quem está preparado para ganhar. Só seremos vencedores de verdade, se soubermos, também, lidar com as perdas. E você, como tem lidado com suas perdas? Tem gente que, diante das perdas, se torna revoltado, desiludido, passando a tratar as pessoas de um jeito grosseiro, como se todos fossem culpados pelo que lhe aconteceu. Outros ficam descrentes, pois, tendo perdido uma vez, acham que nada mais vai dar certo.

Outros, ainda, não viram a página e ficam sempre remoendo a derrota, como se tivessem que lembrar a perda o tempo todo para não querer arriscar mais uma vez. Quantas pessoas que, ao perderem um grande amor, começam a achar que ninguém mais presta e enveredam por uma visão de querer tratar todo o mundo com desprezo e até com más intenções. Parece até que está querendo descontar no outro o que lhe aconteceu. Quantos que, ao perderem um bom negócio, ficam descabeçados e até entram em depressão. Sabe, acho que uma das principais formas de conhecer o verdadeiro caráter e a força de uma pessoa é diante de suas perdas, aí é que vamos ver quem são os verdadeiros vencedores.

Conheço pessoas que são exemplos para mim, pois, diante de situações difíceis ao perder tudo o que tinham, não perderam a doçura, mas conseguiram continuar sorrindo e acreditando em dias melhores pelo poder da fé em Cristo Jesus. Gostaria que parasse para pensar: como você tem lidado com suas perdas? Lidar da maneira correta é que faz de você um vencedor. Perdeu um emprego? Surgirão outros. Perdeu um grande amor? Seu coração vai sarar. Não passou no vestibular? No próximo você conseguirá. Vá em frente! Ainda tem muita água para rolar debaixo dessa ponte.

ENCANTAMENTO

Acabar o encantamento não significa o fim de uma situação ou de um relacionamento.

Essa palavra pode ser usada para se referir a feitiço, mas também pode ser usada para falar de sensação de deslumbramento, admiração, grande prazer que se tem como reação a alguma boa qualidade do que se vê, ouve, percebe. É com esse sentido que quero falar sobre encantamento.

O encantamento está presente em todas as áreas da vida, desde o comércio até os relacionamentos. Veja, por exemplo, que o comércio para vender os seus produtos explora essa capacidade que o ser humano tem de se encantar. Muitas vezes uma pessoa compra algo que, na verdade, não estava precisando. Entretanto, como ela ficou encantada com o produto, pela forma como foi apresentado ou por causa de um atendimento diferenciado, acabou comprando, mesmo que depois, ao chegar à casa, bata o arrependimento. Mas agora é tarde! O encantamento entrou em ação. Isso também acontece quanto aos relacionamentos: pessoas que ficam encantadas por outra pessoa, dando origem a uma amizade, a um namoro, e até mesmo a um casamento. Existe uma fórmula para o encantamento que é a percepção maior que a expectativa = ENCANTAMENTO. Ou seja, quando uma pessoa percebe, recebe, constata, mais do que esperava, acontece o encantamento. Por isso, as pessoas se encantam com outras pessoas ou com situações. O que muitos esquecem é que encantamento acaba, portanto, eis o motivo do grande perigo de se tomar uma decisão importante em meio a esse sentimento. Por exemplo, há pessoas que tomam a decisão de casarem por causa do encantamento e depois o casamento não dá certo. Assim como há pessoas que mudam de emprego porque ficaram encantados com uma proposta recebida, não levando em conta que esse encantamento vai acabar.

Isso aconteceu até mesmo com os discípulos de Jesus. Num momento vemos os 70 discípulos felizes porque tinham sido enviados para fazer a propagação do Reino de Deus e, quando voltaram, estavam encantados com os acontecimentos. Eles diziam: até os demônios nos obedecem quando falamos o Nome de Jesus. Porém, esses mesmos discípulos, mais tarde, abandonaram Jesus, achando que o seu discurso estava ficando muito duro. O que aconteceu? Acabou o encantamento. Mas tenha calma. Acabar o encantamento não significa o fim de uma situação ou de um relacionamento.

Na verdade, após o encantamento é que se tem a oportunidade de viver a verdade dos relacionamentos e das situações. Com o fim do encantamento, os olhos são abertos para a realidade e agora podemos definir um posicionamento diante do quadro que se apresenta a nós. Peça a Deus que lhe dê discernimento para não julgar que uma situação tenha chegado ao fim, quando, na verdade, apenas está passando pela transição do fim do encantamento para a fase mais madura nessa experiência de vida.

Portanto, acredite: se você está pensando que seu tempo nessa empresa chegou ao fim, pode ser que agora esteja sendo iniciada uma nova etapa, que será melhor do que a primeira; se você pensa que esse casamento chegou ao fim, pode ser que esteja, na verdade, entrando apenas em uma nova fase que será muito mais intensa e verdadeira do que a primeira. Não tome decisões precipitadas apenas porque o encantamento acabou.

VIVENDO A VIDA

ALÉM DO OLHAR

O que você está enxergando em sua vida?

"Ora, a fé é a certeza daquilo que esperamos e a prova das coisas que não vemos."
(Hebreus 11:1)

Em meados do século XX, em Bangkok, na Tailândia, o governo planejava construir uma grande rodovia que deveria passar exatamente por um vilarejo. Havia naquele lugar um mosteiro budista e, em uma capela, uma estátua de Buda feita de barro, com aproximadamente quatro metros de altura e que estava avaliada em cinquenta mil dólares. Os trabalhadores, com muito cuidado, estavam transportando a estátua para um lugar seguro.

Para isso, eles usavam um guindaste porque a estátua era bastante pesada. Mas o que eles temiam aconteceu, de repente, a estátua, diante dos olhos de todos, começou a se desfazer, soltou-se do guindaste e se espatifou no chão. Então veio a grande descoberta: por baixo da estátua de barro, estava uma preciosíssima estátua de ouro puro, hoje avaliada em milhões de dólares. Isso me faz pensar o fato de muitas vezes estarmos olhando e enxergando o barro e, na verdade, por trás dele haver ouro puro. O versículo bíblico que deu o tema a esse artigo diz que a fé é isso: conseguir enxergar aquilo que os olhos naturais não podem ver, ou seja, o grande desafio da fé é enxergar mais longe do que os olhos podem ver.

Quantas vezes estamos olhando para certas coisas ou pessoas na vida e só conseguimos enxergar o óbvio, aquilo que qualquer um pode ver. Cônjuges que olham para o outro e só conseguem enxergar o que não é bom, pais que olham para os filhos e só enxergam suas limitações, profissionais que olham para o seu trabalho e só sabem reclamar. Aliás, tem gente que parece catedrático nisso, reclama da cidade onde mora, do vento forte, da falta de vento, do sol que está trazendo muito calor ou da chuva que não para. Tem gente que só sabe reclamar! Acredito que isso aconteça porque essas pessoas só conseguem enxergar o que os olhos podem ver. Elas precisam enxergar pela fé.

Veja que não estou induzindo à utopia ou à ilusão, mas dizendo que enxergar pela fé é trazer à existência aquilo que ainda não existe, e que sabemos que em Cristo vai acontecer. O que você está enxergando em sua vida? Somente os problemas? Somente o que não vai bem? Procure ver além do barro e veja o ouro que se encontra na vida. Não olhe para si mesmo como se fosse uma pessoa qualquer, pois sua vida é tão preciosa que Jesus Cristo morreu por você. Entenda que, na verdade, é isso que pode fazer toda a diferença em sua vida.

Gostaria de lembrar que a visão não pode ser passada para outra pessoa, mas qualquer um pode ser influenciado pela visão dos que estão a sua volta. Se você quiser ter uma visão que vá além do natural, precisa assumir um compromisso pessoal com Cristo, pois a Bíblia nos ensina que aqueles que assim fazem, passam a ter a mente d'Ele.

Na verdade, quem enxerga é a mente, e não os olhos. Os olhos apenas escaneiam as coisas e as enviam para o cérebro, e este é quem define do que se trata. Portanto, tendo a mente de Cristo, você pode enxergar a vida como Ele enxerga. É isso! Se você andar com Cristo, vai começar a ver as coisas de forma diferente, além do que os olhos podem ver.

PR. LUIZ ANTONIO

ENXERGANDO O VISÍVEL

Como eu posso ter o que não enxergo, se não valorizo o que eu tenho?

Calma, calma! Eu sei que é redundância. Mas é que tem sido tão comum, em nome da fé, as pessoas enfatizarem o enxergar o invisível, que julgo importante chamar a atenção para uma reflexão sobre o enxergar o visível. Como cristão que sou, concordo que devemos enxergar pela fé. Afinal esse é o ensinamento da palavra de Deus em diversos trechos da Bíblia Sagrada. Por exemplo: *Ora, a fé é o firme fundamento das coisas que se esperam e a prova das coisas que se não veem.* (Hebreus 11:1). Ou, ainda: *Porque andamos por fé e não por vista.* (II Coríntios 5:7). Portanto, é ensinamento bíblico enxergar o invisível e, logicamente, concordo com isso. Eu mesmo já experimentei essa grande bênção por várias vezes em minha vida.

Porém, o que eu quero lhes chamar a atenção é quanto ao fato de as pessoas não observarem como deveriam ver o que está visível. Ou seja, com o intuito de manifestar uma fé extraordinária, enxergando o invisível, as pessoas deixam de enxergar o que está bem diante delas. O próximo passo de quem tem esse comportamento é se tornar um mal-agradecido, pois não reconhece as bênçãos que tem e está sempre focado no que não tem. É comum encontrarmos pessoas reclamando do emprego e pedindo sempre algo melhor, como se aquele emprego que tem não valesse coisa alguma, esquecendo-se que é dali que tem sido tirado o seu sustento e o de sua família e que alguns sonhos têm sido realizados.

Encontramos também aqueles que vivem reclamando dos cônjuges, apontando sempre os defeitos e exigindo mudanças, mas será que essa pessoa não tem qualidade alguma a ser observada? Vemos pais que focam no que gostariam que os seus filhos fossem e não enxergam aquilo que eles já são. Pessoas lamentam o tempo todo quanto aos bens que gostariam de ter e não enxergam aquilo que já tem. O meu entendimento é de que tudo que temos são sementes. Se cuidarmos bem dessas sementes, teremos uma colheita abençoada, mas se as rejeitarmos como poderemos colher alguma coisa melhor? COMO EU POSSO TER O QUE NÃO ENXERGO, SE NÃO VALORIZO O QUE TENHO? Quero lhe propor que, antes de qualquer pedido, façamos ao Senhor Nosso Deus, agradecimentos por tudo que Ele já nos tem dado. Acredito que assim conquistaremos o direito de pedir o que ainda enxergamos apenas pela fé.

FECHADO PARA BALANÇO

O show não pode parar.

Em alguns períodos do ano, é comum passarmos pela frente de algumas lojas e lermos o seguinte aviso: fechado para balanço. Esse é o período em que muitas empresas param tudo para conferir estoque, reavaliar os processos e, a partir daí, adotam as medidas necessárias para a próxima etapa. A gente aprende em Administração a importância dessa visão sistêmica - analisar os produtos que vão abastecer a loja, cuidar do processamento, a estratégia de venda, obter o *feedback* para, então, fazer a retroalimentação, recomeçando o processo. Será que não devemos fazer o mesmo em relação a nossa vida? Fecharmos para balanço?

Vejo pessoas que nem saem de um problema e

já estão embarcando em outro maior. Isso acontece com a vida sentimental, por exemplo. Pessoas adeptas da frase um amor só se cura com outro amor, na verdade, acabam se machucando mais ainda, pois não se darão o tempo necessário para avaliar os estragos do "tsunami" que passou por sua vida e já estão entrando em outra tempestade.

Isso acontece em várias áreas da vida, talvez seja o imediatismo característico dos nossos dias. Geralmente, não gostamos de parar para pensar e muito menos de fazermos autoavaliações, é a velha frase da Broadway: o *show* não pode parar.

Quando, através de um grande esforço, paramos para fazer autoavaliação, focamos nas coisas que fazemos e não no que somos. Talvez, seja esse o nosso maior equívoco, pois acabamos por fazer mudanças apenas nas nossas atitudes, mas, as mudanças mais profundas, mais significativas, acabamos adiando. Possivelmente, isso aconteça por causa da nossa falta de tempo, do medo de pararmos um pouco, fecharmos para balanço, darmos a nós mesmos um *feedback* e retroalimentarmos nossa vida.

Eu não acredito que exista uma mágica nessa mudança de calendário a ponto de nos fazer mudar tudo na vida, mas uma coisa é certa, o momento da passagem de um ano para outro é propício para avaliarmos nossas vidas e procurarmos mudar, e mudar para melhor. Procure separar um tempinho para ficar sozinho e refletir sobre os acertos e os equívocos do ano que está indo embora, e, a partir daí, deixar que mudanças interiores sejam tão significativas que transbordem para o seu exterior, fazendo de você uma pessoa melhor. Você pode até dizer para algumas pessoas: se nesses próximos dias não conseguirem falar comigo, é porque estou fechado para balanço, mas eu volto, e espero voltar melhor.

VIVENDO A VIDA

LANÇA O TEU PÃO SOBRE AS ÁGUAS

Não devemos ficar preocupados com o que não temos em nossas mãos, a nossa parte é plantar.

Essas palavras do rei Salomão podem ser confusas para quem não conhece um pouco dos costumes do povo daquela época. Na verdade, ele estava fazendo uma analogia com o seguinte costume: quando o Rio Nilo transbordava, os egípcios semeavam trigo às margens do rio, quando as águas baixavam, as sementes entravam em contato com a terra e pronto... Estava feito o plantio. Então, era só aguardar o trigo nascer e depois usá-lo para fazer o pão. Por isso, "lança o teu pão sobre as águas".

    O que ele está querendo dizer é que devemos continuar sempre, insistir, perseverar, mesmo naquilo que parece não estar dando resultado. Quando os egípcios lançavam o trigo nas águas, aparentemente estavam fazendo um serviço perdido, mas depois de muitos dias viam o resultado. Há coisas que hoje você faz e também dão a impressão de não estar tendo efeito algum, você vai à igreja, busca a Deus, ora, pede perdão às pessoas, e parece que nada está adiantando. Talvez um exemplo claro dessa situação seja o que acontece em um casamento que está em crise e só um dos cônjuges está investindo para saírem dela. Dá carinho, procura fazer o que outro gosta e recebe de volta indiferença ou palavras duras, parece que não está adiantando nada. Mas é assim mesmo.

É semelhante a um plantio, quando lançamos a semente parece que não está acontecendo nada, mas debaixo da terra há um processo sendo deflagrado, tem semente morrendo, germinando para depois nascer. Daí, um caulezinho rasga a terra e só então a gente começa a ver o resultado. Mas, na verdade, já tinha coisa acontecendo muito antes, a gente só não via, mas estava acontecendo.

Talvez você venha insistindo na reconstrução do seu casamento, ou na restauração do relacionamento entre pais e filhos, ou na vida financeira, profissional e parece que não está tendo resultado. Talvez já esteja cansado de fazer o bem e receber a ingratidão como moeda de pagamento, pode ser que já tenha dito: quer saber de uma coisa? Não vou mais ajudar a ninguém, a partir de agora vou mudar. O apóstolo Paulo diz assim: *E não nos cansemos de fazer o bem, porque a seu tempo colheremos, se não desanimarmos* (Gálatas 6:9). Portanto, insista. Eu sei que é difícil continuar fazendo coisas que aparentemente não estão dando resultado. No entanto, lembre-se: você pode não estar vendo, mas no mundo espiritual tem coisas acontecendo. Não devemos ficar preocupados com o que não está em nossas mãos, a nossa parte é plantar e quem dá o crescimento é Deus, somente Ele. Portanto, plante, continue fazendo a sua parte, e Deus que é fiel, fará a parte dEle.

Outra lição citada por Salomão e que devemos, com certeza, considerar é a seguinte: "aquele que olha para o vento nunca semeia, e quem olha para as nuvens nunca colherá". Aqui, ele quer dizer que quem fica olhando para as dificuldades, esperando o momento oportuno, acaba nunca fazendo nada. Como disse o poeta: quem sabe faz a hora, não espera acontecer. Não fique procrastinando em fazer a sua parte. Se a sua parte é plantar, então plante. Não se preocupe com o que cabe a Deus, que é o resultado. Continue crendo numa grande colheita, não desista. Deus está com você, vai dar tudo certo, em nome de Jesus. Deus tem visto o seu esforço, Ele conhece o seu coração. E, por falar nisso, até quando você vai adiar o encontro mais íntimo que Deus quer ter com você? Ele também não desiste e continuará perseguindo você com o seu amor... O rio está cheio, que tal lançar o pão sobre as águas?

PR. LUIZ ANTONIO

MUDANÇAS

É preciso ter um grande cuidado para não mexer no que deve ser intocável.

O ser humano está sempre mudando e é muito interessante observarmos essas mudanças, desde as mais simples até as mais complexas. Tem as mudanças naturais das faixas etárias, que são muito interessantes. A criança que se torna adolescente e depois um jovem, que depois já pensa que é adulto. As mudanças ocorrem nos gostos, nas preferências, nos estilos, e até nos conceitos.

Acredito que, de certa forma, mudar é saudável, pois as mudanças, em geral, mostram nossos avanços e nosso amadurecimento nas diversas áreas da vida. Existem mudanças que são provocadas por determinadas situações, outras que são planejadas. Se observarmos bem, vamos perceber que a mudança é necessária, inclusive para uma resposta mais eficaz em relação às transformações de tudo que nos cerca, ou então, correremos o risco de ficar parados, enquanto o mundo nos atropela. Veja, por exemplo, as mudanças em relação à criação dos filhos: não dá para querer educá-los dentro dos mesmos métodos de antigamente. E no tocante às profissões? Imagine se não houver uma mudança na visão das coisas e na forma de fazer, como, por exemplo, acompanhar as novas necessidades do mercado. Portanto, é claro que mudar é preciso, pois uma coisa é certa: aquele que estiver mais preparado e aberto às mudanças poderá sair na frente, até porque o mundo de hoje mais do que nunca exige o dinamismo das pessoas.

Porém, o que quero ressaltar agora é a importância de se perceber o que não é negociável nas mudanças, ou seja, o que poderíamos até chamar de imutável. Ou seja: os valores. A despeito de toda a necessidade que temos de mudar e nos adaptar às mudanças, é preciso um grande cuidado para não mexer no que deveria ser intocável. Acredito que o que vai nos levar a um bom termo sobre o que mudar ou não, é a manutenção dos valores. Hoje, percebemos que as pessoas estão mudando sem se preocupar com os outros. Dizem uma coisa hoje e amanhã fazem outra, assumem um compromisso hoje e amanhã esse compromisso não existe mais. E isso acontece em diversas instâncias: família, amizade, namoro, vida conjugal, vida profissional. É triste constatarmos que a confiança de uma pessoa em outra diminuiu, consideravelmente, exatamente por causa dessas mudanças que têm deixado os relacionamentos cada vez mais frágeis. Isso acontece quando os valores começam a ser negociados, e valores não se negociam, devemos estar sim, prontos para as mudanças, mas sem perder de vista os nossos valores.

Gostaria que você parasse um pouquinho para pensar e analisar: será que não tem mudado muito facilmente em relação a coisas que deveriam durar mais? Bem, se chegar à conclusão que sim - que tem mudado muito facilmente a respeito de coisas que deveriam ser mais duradouras - então saiba que ainda há tempo de mudar e parar com essa história de mudar tanto, inclusive sem necessidade. Quero lembrá-lo de algumas palavras de Jesus que demonstram o quanto é importante estarmos ao lado de pessoas que mudam apenas no que tem que mudar, mas em outras coisas são constantes.

... E o que vem a mim de maneira nenhuma o lançarei fora (João 6:37).

... E eis que estou convosco todos os dias até a consumação do século (Mateus 28:20).

VIVENDO A VIDA

MAIS UM FERIADO

Esse não pode ser apenas mais um dia de sol.

Quando estamos no recorrente final de semana prolongado por causa do feriado da Sexta-Feira da Paixão de Cristo, qual é a impressão que paira em nossos pensamentos? As ruas da cidade ficam tranquilas, o trânsito urbano flui que é uma beleza, as pessoas ficam sorridentes, em local litorâneo, por exemplo, as praias ficam lotadas, em Aracaju os caranguejos são servidos em polvorosa nos restaurantes. Enfim, mais um final de semana prolongado.

Mas... Será que é só isso? Pois não deveria ser. Esse não pode ser apenas mais um feriado. É, na verdade, um momento especial para lembrarmos de tudo aquilo que passou o Senhor Jesus por nós na cruz do Calvário. Não digo isso no sentido de que devamos passar esses dias com tristeza no semblante. Até porque conhecemos o final da história e sabemos que o Cristo que morreu numa sexta-feira, ressuscitou no domingo pela manhã. Mas o que eu quero dizer é que devemos parar para pensar, pois Sua morte e Sua ressurreição se tornaram um divisor de águas na história da humanidade. Costuma-se dizer que dá para saber o tamanho do navio que partiu, quando olhamos para o tamanho das ondas que ele provocou no cais. Pois então veja o tamanho das ondas de transformação deixadas pelo Senhor Jesus após sua ascensão aos céus.

Não existe nada tão poderoso como o Cristianismo, pois, após mais de dois mil anos, sua história se renova momento após momento, porque Ele, o Cristo, está vivo. Uma das coisas mais fortes que vi em Jerusalém, foi a inscrição colocada à porta do Santo Sepulcro *Ele não está aqui, Ele ressuscitou*. Jesus ressuscitou vencendo a morte e, com isso, vencendo a condenação a qual estávamos sujeitos. Em meus 26 anos como pastor, tenho visto o poder transformador de Jesus Cristo, agindo nas pessoas que o aceitam como Senhor de suas vidas. Isso não é papo de crente, muito menos de quem vive na utopia da religião. Não tenho a mente engessada e, por isso mesmo, consigo ver o caminhar de Jesus e os rastros que Ele deixa com Seu toque indelével no coração do homem.

Portanto, esse não pode ser apenas mais um feriado, mais um momento de descanso, por mais merecido que seja para aqueles que trabalham duramente. Esse não pode ser apenas mais um dia de sol, mas deve ser o momento para lembrarmos e até questionarmos: que amor é esse, que leva alguém a se entregar por pessoas que aos olhos de muitos não mereceriam? Esse é o amor de Jesus! Tão intenso, tão forte e incondicional que a própria Bíblia nos diz que *excede todo entendimento* (Efésios 3: 19). Então, por mais que você esteja descansando, relaxando, no feriado da Semana Santa, tire um momento para erguer seus olhos aos céus e dizer:

— Obrigado, Jesus, por ter morrido na cruz do calvário para me trazer a salvação, mesmo sem merecer. Eu te agradeço por essa graça. Ajuda-me a honrar e dar sentido a todo o seu sofrimento. Que essa lembrança não seja apenas parte da história da humanidade, mas que seja história da minha historicidade.

Por fim, gostaria que você refletisse sobre a Páscoa. A palavra páscoa significa passagem e lembra o momento em que o povo hebreu saiu da escravidão do Egito, que durou aproximadamente 430 anos. Portanto, páscoa foi a última refeição que os hebreus tomaram, simbolizando o fato que iriam passar de uma vida de escravidão para uma vida de liberdade. Hoje, a páscoa, para nós, cristãos, é o próprio Cristo, pois ele é a nossa passagem para uma nova vida. Veja o que Ele mesmo disse: *Eu sou a porta; se alguém entrar por mim, salvar-se-á, e entrará, e sairá, e achará pastagens* (João 10:9).

VIVENDO A VIDA

EXISTIRÃO BARREIRAS

A vitória está bem do outro lado, basta ter a ousadia de fé para querer chegar até lá.

Vejo em Jesus Cristo algumas atitudes que, em um primeiro momento, são um pouco difíceis de ser entendidas, como, por exemplo, no episódio da mulher cananeia (Mateus 15:21-28). O texto bíblico nos diz que uma mulher veio atrás de Jesus, clamando: *Senhor, filho de Davi, tem misericórdia de mim! Minha filha está endemoninhada e está sofrendo muito.* Mas Jesus não lhe deu atenção e, quando resolveu dizer alguma coisa, afirmou que Ele havia sido enviado apenas para as ovelhas perdidas de Israel. Como a mulher era uma cananeia, não deveria receber a Sua atenção. Porém, como ela insistia muito, Jesus acabou dizendo-lhe: *não é certo tirar o pão dos filhos e lançá-lo aos cachorrinhos* (Mateus 15:26). E a mulher respondeu: *sim, Senhor, mas até os cachor-*

rinhos comem das migalhas que caem da mesa dos seus donos (Mateus 15:27).

Quando atento para essa atitude de Jesus, percebo que ela não combina com Ele, pois sempre foi solícito, amigo, sem preconceitos. Por que fez isso? Na verdade, Jesus estava colocando uma barreira no caminho daquela mulher para que ela pudesse demonstrar a sua fé. Falar que tem fé, todos podem falar, mas a fé é provada exatamente nas horas mais difíceis, diante das barreiras. Se prestarmos atenção vamos ver que, na Bíblia Sagrada, todos os grandes vencedores enfrentaram barreiras antes que pudessem ter a vitória nas mãos. Isso aconteceu inclusive com o próprio Senhor Jesus.

Veja que antes da crucificação, Ele chegou a pedir: *Pai, se possível passa de mim esse cálice* (Mateus 26:39). Mas Ele se sujeitou à vontade do Pai, pois sabia que depois daquela barreira estava a grande bênção que seria o resgate de toda a humanidade.

Certa vez, um jovem rico procurou Jesus e perguntou a Ele o que deveria fazer para herdar o reino dos céus. Jesus citou vários dos mandamentos e o rapaz respondeu que tudo isso já vinha fazendo. Então Jesus, olhando com amor para aquele rapaz, disse-lhe: *Falta-te uma coisa. Vá, venda tudo o que tem, dê aos pobres e siga-me* (Mateus 19:21). Quando o rapaz ouviu isso, deu as costas ao Senhor e foi embora, desistindo, assim, do seu propósito. Mais uma vez uma barreira foi colocada antes da vitória. Isso nos leva a compreender que as barreiras sempre existirão no caminho que leva à vitória.

Se quisermos vencer, devemos ter coragem e buscar forças no Senhor para romper as barreiras. Quantas pessoas que estão reclamando dessas barreiras, sem perceber que elas são muito necessárias, pois através delas é que, de fato, demonstraremos a nossa fé. E quantas pessoas estão paradas diante dessas barreiras, há muitos anos, não conseguem avançar e ficam reclamando que as coisas parecem não mudar, que a vitória parece não vir. Entretanto, a vitória está bem do outro lado, basta ter a ousadia de fé para querer chegar até lá. Outra coisa importante é lembrar que essas barreiras são individuais, cada um tem a sua, dificilmente elas se repetem. Tenha coragem para enfrentar as suas próprias barreiras, pois a vitória espera por você.

Ah! Uma excelente notícia: você não estará sozinho nesse processo. Só o que Deus precisa para te ajudar é da sua própria iniciativa. No momento em que você levantar o pé para dar o primeiro passo em direção a essa barreira, o Senhor dos senhores, o Deus dos deuses, entrará com providência e o ajudará, dando a força que você não tem, e será mais que vencedor.

O PODER DA AFETIVIDADE

Quando existe afetividade em um relacionamento, muita coisa se torna melhor.

Afetividade é a exteriorização dos nossos sentimentos. Ela é a expressão visível, materializada do que se passa dentro de nós. Ela é uma declaração dos nossos sentimentos por alguém ou por uma situação. A afetividade nos entrega, pois através dela os sentimentos mais escondidos acabam vindo à tona.

Todos nós temos necessidade de receber afeto. Uns demonstram mais e outros menos, mas todos precisam desse afeto, mesmo aquelas pessoas mais sisudas ou mais fechadas. É fácil nos enganarmos e pensarmos assim: ah! Meu pai não gosta de carinho, é um homem muito fechado. Observe, então, como ele se comporta com os netos, e você vai perceber se ele gosta de receber afeto ou não. Muitas vezes, aquele

semblante sério e até mesmo fechado, aquela cara de poucos amigos, é apenas uma defesa de quem não sabe se comportar de outra forma, ou seja, há uma história por trás dessa máscara.
Quando existe afetividade em um relacionamento, muita coisa se torna melhor. Por exemplo, a afetividade traz segurança, porque quem a recebe passa a ter mais certeza dos sentimentos ditos pela outra pessoa. Você já percebeu que quando o homem ou a mulher, casados, não toca, não beija, não abraça, não procura, começa a despertar desconfiança no outro? Por que isso acontece? Porque partimos do princípio de que quem ama exterioriza os seus sentimentos e se isso não acontece, logo pensamos que não há mais sentimentos. Acho que poderíamos pensar assim: nem todos os que abraçam amam, mas todos os que amam abraçam. Ou, pelo menos, deveriam.
 A afetividade traz doçura, ela tem o poder de quebrar rotinas, o que, aliás, é uma das maiores inimigas dos relacionamentos. Existem momentos na vida que são por si só tão duros, tão difíceis, que só o carinho de alguém, a exteriorização dos seus sentimentos, é que podem amenizar certas dores e trazer doçura, mesmo em horas tão amargas. Talvez, a falta de afetividade

seja o motivo que leva muitas pessoas a dizerem que precisam de alguém. Na verdade, essa falta de afetividade deixa um vazio na alma, principalmente porque os relacionamentos do dia a dia, como no trabalho ou na vida acadêmica, são superficiais. Às vezes, tais relacionamentos são apenas um exercício de tolerância, mas todos nós sentimos falta de amigos, de companheiros, de família, ou seja, sentimos falta de afeto. E sabe o que mais? Só damos valor quando perdemos. Portanto, pare para pensar: tenho dado afeto aos que me cercam, dando, com isso, a certeza do meu sentimento? Não perca tempo!

Abrace os que você ama, expresse seus sentimentos, beije, declare-se, porque nunca sabemos até quando os teremos por perto, assim como não sabemos até quando estaremos por perto deles. Ah, sim! Hoje, você já deu um beijo em quem você ama? Já lhe disse o quanto ela é importante em sua vida? Então faça isso. Deixe que os seus amados saibam da importância que eles têm para você.

VIVENDO A VIDA

O QUE A INDIFERENÇA PRODUZ

Faça alguma coisa, não seja indiferente.

A cidade do Rio de Janeiro, certa ocasião, foi marcada por uma das mais terríveis tragédias ocorridas em nosso país: um jovem, possivelmente doente mental, entrou armado em um colégio onde já havia sido aluno e disparou contra vários adolescentes, tirando a vida de muitos e ferindo outros tantos.

As tentativas de explicações começaram nos programas televisivos, apresentando entrevistas com profissionais da alma, tentando nos fazer entender a mente confusa de alguém capaz de uma atrocidade como essa. Mas a verdade é que, para entender isso, não basta buscar explicações na historicidade desse moço, mas sim, na realidade da sociedade moderna e suas características. Sem querer trazer para esse artigo uma discussão de uma via só, e sem querer arvorar o direito de ser dono da verdade, ouso dizer que um dos motivos de termos que enfrentar dores como essa, é a indiferença. Se prestarmos atenção, vamos perceber que a indiferença tem sido, ao mesmo tempo, uma marca e um grave problema desse modelo de sociedade em que vivemos. A busca desenfreada pelo ter coloca os pais cada vez mais distantes dos filhos e promove casamentos cheios de segredos em nome de se respeitar a individualidade. Amigos? Quem são eles? Ainda existem? Estamos vivendo a época dos colegas. Hoje, em grandes centros, grandes capitais por exemplo, é possível que pessoas passem ao lado de outras, gritando de dor sem obterem atenção. E a defesa para essa letargia é a de que não sabemos se há sinceridade naquele grito ou se é apenas mais uma armadilha para pegar os incautos. Essa é a sociedade em que vivemos: cada dia mais e mais indiferente ao ser humano, ao está preocupada com o ter. Uma sociedade que se torna cega, surda e muda para alguns que gritam em silêncio à sua volta.

Quantos outros Wellingtons - esse é o nome do rapaz que cometeu os assassinatos no colégio no Rio de Janeiro - existem ao nosso redor? Mas a nossa ocupação e a nossa correria não nos permitem perceber que tem alguma coisa errada com tais pessoas.

É mais cômodo nessas horas cobrarmos o porquê dessa escola não ter porteiro na entrada, ou questionarmos por que os pais não cuidaram desse rapaz.

Quantas pessoas passaram pela vida dele e perceberam que tinha alguma coisa estranha no seu silêncio, no seu comportamento e talvez até tenham feito comentários do tipo: esse cara é estranho! Eu, hein! Mas deram as costas, tentando deixar claro que havia, sim, um problema, mas era um problema de outra pessoa. Ou seja, houve indiferença para com esse problema.

Se quisermos, de verdade, evitar chorar essa dor outras vezes, é bom, não apenas a polícia ser mais bem equipada, não apenas o judiciário passar por mudanças, não apenas os políticos serem renovados, mas a sociedade como um todo. Que eu, você, todos nós nos convertamos, mudemos de direção, saiamos da posição de críticos e tomemos atitudes.

Sei que não vamos conhecer os Wellingtons do Rio de Janeiro, mas talvez conheçamos Wellingtons próximos de nós que podem ser identificados, tratados e, assim, tragédias serão evitadas. Comece olhando à sua volta e identificando pessoas que podem ser ajudadas pela sua experiência, por sua vivência, por sua fé. Faça alguma coisa, não seja indiferente. E que essa ajuda não seja com base em assistencialismo que apenas levam os menos favorecidos a desenvolver um estado de autocomiseração, mas que seja a famosa ajuda de dar a vara de pescar ao invés de dar o peixe. Aprendi, ainda no Ensino Fundamental que a família é a célula mater da sociedade. Portanto, se a sociedade está doente, essa doença começa na família. Observe mais os seus, sinta a dor deles, ria com eles, seja um abençoador dentro de sua casa e você estará criando pessoas saudáveis que serão agentes transformadores nessa sociedade indiferente.

VIVENDO A VIDA

O VALOR DO OUTRO

É tempo de reflexão, de pedido de perdão e de conserto.

A Bíblia Sagrada enfatiza a todo o momento a importância do nosso semelhante. No Antigo Testamento, há leis que visavam regular o comportamento e, consequentemente, a responsabilidade entre as pessoas. No livro de Êxodo, capítulo 21, versos 33 ao 36, está escrito: *se alguém abrir ou deixar aberta uma cisterna, não tendo o cuidado de tampá-la, e um jumento ou um boi nela cair, o dono da cisterna terá que pagar o prejuízo, indenizando o dono do animal, e ficará com o animal morto. Se o boi de alguém ferir o boi de outro e o matar, venderão o boi vivo e dividirão em partes iguais, tanto o valor do boi vivo como o animal morto. Contudo, se o boi costumava chifrar, e o dono não o manteve preso, este terá que pagar boi por boi, e ficará com o que morreu.*

Talvez você esteja se perguntando: qual a ligação disso com a minha vida? Qual a aplicabilidade desse texto em nossos dias? Por meio desse texto e de tantos outros no Antigo Testamento, percebemos a preocupação da Bíblia Sagrada com os relacionamentos interpessoais, mostrando o quanto devemos valorizar as outras pessoas. Essa preocupação fica explícita através de versículos como: *Cada um de nós deve agradar ao seu próximo para o bem dele, a fim de edificá-lo.* (Romanos 15:2).

Certa ocasião, alguns religiosos pediram a Jesus que fizesse um resumo dos mandamentos divinos. Respondeu Jesus: *O mais importante é este: Ouve, ó Israel, o Senhor, o nosso Deus, o Senhor é o único Senhor. Ame o Senhor, o seu Deus, de todo o seu coração, de toda a sua alma, de todo o seu entendimento e de todas as suas forças. O segundo é este: Ame o seu próximo como a si mesmo. Não existe mandamento maior do que estes.*

Muito bem! Vamos a aplicabilidade desses versículos todos ao nosso dia a dia. E tudo começa com a seguinte pergunta: será que estou causando algum prejuízo ao próximo? Geralmente, temos a tendência de nos enxergarmos como pessoas muito boas, sendo que alguns chegam a dizer que seu maior defeito é o de ser bom demais para os outros. Será? Todos nós podemos causar prejuízo aos outros. Com palavras, por exemplo. Quantas vezes machucamos os outros, até mesmo sem nos darmos conta disso? Acontece, inclusive, com pessoas que muito amamos, sejam com os pais, filhos, cônjuges.

Podemos até esquecer o que dissemos, mas quem ouviu jamais esquecerá. Vemos, também pessoas que fazem comentários completamente desnecessários sobre os outros, não entendendo que isso pode trazer prejuízos àqueles.

Podemos causar prejuízos aos outros também através do desprezo. Aliás, esse pode ser um dos mais duros golpes em um relacionamento. Enfim, gostaria de chamar a sua atenção para a forma como tem se relacionado com as pessoas à sua volta, incluindo a família, esposo, amigos, namorado, líderes, irmãos de fé.

Na verdade, temos que ter um relacionamento responsável com as pessoas, sabendo da importância delas para conosco e também a nossa importância para elas.

Outra coisa a ser considerada é que, naqueles versículos que citamos, está dito que aquele que cavou a cisterna e não a tampou, teria que arcar com o prejuízo se o animal de outra pessoa viesse e caísse nela. Assim, aprendemos que somos responsáveis pelo prejuízo que causarmos aos que estão à nossa volta.

Talvez seja por isso que encontramos pessoas sofrendo sem que saibam o motivo. Podem ter machucado outros, não respeitando sentimentos e, por causa disso, hoje estão sofrendo os prejuízos de não terem valorizado o próximo. Cuidado! Não brinque com os sentimentos dos outros. É tempo de reflexão, de pedido de perdão, de conserto. Pense nisso!

VAZIO DA ALMA

Temos que nos prepararmos para viver coisas maiores.

A cada dia que passa, ouvimos falar sobre problemas de depressão, sobre os mais variados tipos de síndromes, nem precisaríamos ouvir a respeito disso nas reportagens específicas feitas sobre o assunto, pois, na verdade, todos nós conhecemos alguém que já passou ou está passando por esse tipo de problema. É como se isso tivesse se transformado num mal dos dias de hoje.

Muitas pessoas que se aproximam de mim, ao saberem que sou um estudioso da psicanálise, começam a falar sobre algum tipo de desconforto que enfrentam na vida, e o interessante é que gostariam que eu lhes desse uma solução do tipo "analgésico psicanalítico", não entendendo que a área da *psique* é muito mais complexa do que se possa imaginar e que, para haver um resultado satisfatório, é necessária uma análise sempre muito responsável e abalizada para se produzir a resposta esperada. Ao nos aprofundarmos um pouco mais sobre esse assunto, descobrimos que isso sempre existiu, ou seja, pessoas com problemas emocionais. Mas, há algo que é indiscutível: o crescimento desse tipo de doença nos nossos dias. E é inevitável perguntarmos: por quê?

Acredito que temos produzido um estilo de vida que tem vantagens extraordinárias, como, por exemplo, as nossas opções de entretenimento, as ferramentas modernas de comunicação, o que facilita demais nossa vida. Dê uma olhada nos celulares, computadores, carros, casas inteligentes e em outros. Percebo que não dá para criticar essas coisas, ou até mesmo reclamar delas, mas o que espanta é o relacionamento que as pessoas estão tendo com esses equipamentos. E esses foram apenas alguns exemplos. Existem muito mais coisas que representam essa história de realização do homem moderno. No campo educacional, a necessidade de ir sempre mais longe no que diz respeito a diplomas e mais diplomas. Na cultura do corpo, existem aqueles que perdem o limite e acabam vivendo mais dentro de academias do que na própria casa. Há, também, os adeptos das cirurgias plásticas que, se não fosse a ética médica, já teriam cometido absurdos. E por aí vai...

Essas coisas - e o que elas representam - é o que tem dirigido a vida de muita gente, nos dias de hoje. Porém, quando isso não é alcançado, muitas pessoas que haviam depositado toda a expectativa de felicidade e realização nelas, ficam tão frustradas que não conseguem segurar os tsunamis causados por essa frustração.

Eu creio que o apóstolo Paulo nos deixou uma receita importantíssima para esse assunto. Ele diz assim: *Aprendi a adaptar-me a toda e qualquer circunstância. Sei o que é passar necessidade e sei o que é ter fartura. Aprendi o segredo de viver contente em toda e qualquer situação, seja bem alimentado, seja com fome, tendo muito, ou passando necessidade. Tudo posso naquele que me fortalece* (Filipenses 4:12). Entenda: Paulo não está dizendo que devemos ser pessoas conformadas com o que temos para não correr o risco da frustração.

O que ele está falando é sobre a importância de sabermos nos alegrar com o que temos, até porque, é a partir daí que teremos a preparação para poder viver com coisas maiores. E mais importante ainda nessa receita é quando ele diz que pode todas as coisas naquele que o fortalece. Ou seja, em Jesus, pois ele sabia viver tendo muito sem que esse muito o prejudicasse, mas também sabia viver na escassez, porque em Jesus ele podia todas as coisas. Que Jesus nos abençoe para sabermos viver de tal forma que a nossa saúde emocional, tal como nosso espírito e nosso corpo não sejam afetados pela ausência de coisas.

PR. LUIZ ANTONIO

OS ENCONTROS DAS FÉRIAS

O mais importante das férias são os encontros que temos com a família, com a gente mesmo e com Deus.

Algo muito interessante nas férias são os encontros. Famílias que, de repente, são vizinhos de guarda-sol e começam a conversar, estabelecendo a partir daí uma amizade. Adolescentes que começam a trocar olhares escondidos dos pais, e até bebês se encontram quando os pais começam a comentar sobre as travessuras de um e de outro, a comparar pesos, e coisas assim. Existem encontros mais sérios e que vão se tornar mais duradouros e podem até acabar em casamento. Até encontros de negócios acabam acontecendo nas férias, pessoas que veem produtos que não têm em sua cidade e já começam a pensar numa forma de transformar isso em uma oportunidade para ganhar dinheiro.

Mas, com certeza, um dos mais importantes encontros das férias é o encontro que acontece entre a própria família. É impressionante como podemos passar quase que o ano inteiro ao lado das pessoas que são sangue do nosso sangue e, mesmo assim, não atentarmos para elas. Talvez seja pelo corre-corre, pelas grandes responsabilidades, filhos estudando, pais trabalhando. Talvez seja fruto dessa competição dos nossos dias, mas o fato é que não nos conhecemos como pensamos nos conhecer.

Nas férias, temos a oportunidade de conhecer melhor o gosto dos nossos familiares, o que gostam de comer, se gostam mais do campo ou da praia. Porém, mais importante ainda, é que podemos perceber como eles estão em relação a nós e como nós estamos em relação a eles. E é aí que posso dizer que realmente as férias valem a pena.

Quantos casamentos que estão passando por uma terrível crise, porque o casal perdeu o foco? Eles já não se conhecem como antes, parece mais inimigos do que companheiros. Não se lembram mais do que o outro gosta, não conversam mais sobre o passado, não riem mais das mesmas coisas. E, nas férias, acabam se reencontrando. E quanto aos filhos? Nas férias os pais acabam descobrindo que eles cresceram e que não querem ser tratados mais como as criancinhas de antes. Nas férias, temos tempo para a conversa informal, e quantos resultados positivos se obtêm, muito melhores do que aquelas conversas intermináveis que acontecem dentro dos quartos. Nas férias, homens conseguem até Discutir Relação sem perceber.

Sabe, as últimas palavras do Velho Testamento falam sobre pais se converterem a seus filhos e os filhos se converterem a seus pais. Converter quer dizer mudar de direção, ou seja, pais irem em direção a seus filhos e vice-versa.

Nesse trecho da Bíblia, temos a exortação sobre a importância de que pais e filhos sejam amigos, e amigos não são aqueles que fazem sempre o que o outro quer, mas amigos são aqueles que se preocupam, se responsabilizam pelo outro. Vi, com tristeza, o caso de um adolescente de 14 anos de idade, em outro Estado, que tomou um tiro de um segurança de uma boate e morreu. A mãe estava indignada, porém um comentarista de telejornal disse o seguinte: se esse garoto tinha apenas quatorze anos de idade, não deveria estar no lugar que estava. Os pais precisam pensar melhor nisso.

Os pais se converterem a seus filhos pode significar, por exemplo, saber por onde eles andam e que tipo de orientação, inclusive religiosa, estão passando para eles. Talvez, um dos maiores benefícios das férias não seja o descanso, o bronze, as lembrancinhas, as fotos, as risadas. Talvez o maior benefício das férias seja os encontros que tivemos com a própria família e com a gente mesmo. Sabe por que digo isso? Porque não adianta nada você ser um sucesso no seu trabalho, uma pessoa bem-sucedida em tudo que faz, se não consegue ser um sucesso com aqueles que melhor te conhecem, que são teus familiares. Portanto, para mim, o mais importante das férias são os encontros que temos com a família, com a gente mesmo e com Deus. Agora, o grande segredo é: continue a se encontrar todos os dias com seu cônjuge, com seus filhos, com você mesmo e, principalmente, com Deus. Não espere as próximas férias para rir com sua família, não espere as próximas férias para conversar com eles.

PR. LUIZ ANTONIO

OS HOMENS MAIS RICOS DO MUNDO

Não adianta uma pessoa conseguir subir ao topo e não ter com quem comemorar.

A Revista Forbes sempre traz uma lista dos homens mais ricos do mundo. Na lista, aparecem aquelas pessoas que possuem, no mínimo, ativo total de um bilhão de dólares. Quando li tal notícia, lembrei-me de uma música chamada O Crente Miguel, que conta a história de um homem simples que morava em um vale. Certa noite, ele teve um sonho em que o homem mais rico do vale iria morrer na noite seguinte. Então, ele correu para contar o sonho ao fazendeiro mais rico da região. Como Miguel era um homem muito temente a Deus e conhecido pelo seu testemunho cristão, o fazendeiro levou a sério seu aviso e chamou toda a família, e começou a se preparar para morrer. A noite chegou, já estava dando meia-noite e todos ficaram apreensivos. Porém, o dia amanheceu e nada! O fazendeiro continuava vivo. De repente, alguém chegou correndo para avisar que Miguel havia falecido. Na verdade, o homem mais rico do vale não era o fazendeiro, mas sim, aquele homem simples do campo.

Isso nos leva a pensar o que é ser rico? Muitas pessoas se dedicam tanto a ganhar dinheiro que acabam esquecendo das verdadeiras riquezas. Alguns dizem que fazem isso em nome dos filhos, mas acabam perdendo etapas preciosas do crescimento desses filhos. Outros correm tanto, logo nos primeiros anos de casado, que perdem os melhores momentos da vida a dois. Há pais que dizem: mas eu preciso dar o melhor aos meus filhos. Deveriam saber que esse seu filho, hoje, entre escolher um abraço ou um tênis de marca, vai escolher o tênis. Mas quando for adulto, o tênis já não mais existirá, porém a falta do abraço vai existir para sempre.

Não quero ser um estraga prazer para você que está chegando ao seu primeiro milhão, mas existem coisas mais importantes que dinheiro. O problema é que as pessoas acabam percebendo isso somente depois de terem obtido muito dinheiro, posição de prestígio, reconhecimento da sociedade, mas, infelizmente, perdendo ao mesmo tempo o contato com os filhos, a alegria no casamento. Não adianta uma pessoa conseguir subir ao topo e não ter com quem comemorar. Não estou dizendo que não devemos correr atrás dos nossos sonhos, mas aí vai uma regrinha para a gente pensar: pessoas antes de coisas, lar antes da profissão, cônjuge antes dos filhos, filhos antes dos amigos, coisas espirituais antes das coisas materiais. Conheço pessoas que trocariam tudo o que tem por um pouco de paz dentro de casa. O dinheiro pode comprar um hospital, mas não compra saúde, pode comprar um caríssimo colchão, mas não compra o sono. Pode comprar uma mansão, mas não compra um lar. Pode comprar um circo, mas não compra a felicidade. Pode comprar companhia, mas não compra amigos. Pode comprar uma igreja, mas não compra a salvação.

Não há problema em trabalhar bastante, correr atrás de mais conforto para a família, realizar sonhos de consumo. A Bíblia nos diz que Deus tem prazer na prosperidade dos seus filhos e fala sobre prosperidade pelo menos 3.225 mil vezes. Mas também nos ensina que não podemos servir a dois senhores, ou seja, não podemos servir a Deus e as riquezas ao mesmo tempo. Então, o que fazer? Servir e amar a Deus acima de todas as coisas e fazer com que o dinheiro nos sirva, e não o contrário. Ser rico é ter paz no coração, é amar e ser amado por uma família abençoada por Deus. É ter amigos, ter tesouros no céu, ser o próprio e particular tesouro de Deus.

VIVENDO A VIDA

PRECISA-SE DE ALGUÉM COM BOA APARÊNCIA

Precisamos ser e não apenas ter.

Você já deve ter lido essa frase várias vezes em anúncios de emprego. Já ouvi muitos questionamentos sobre isso. É interessante quando alguém tenta justificar essa tal de boa aparência. Mas, na verdade, isso é apenas o retrato de como nossa sociedade observa e valoriza a aparência.

Lembro-me de certa ocasião em que eu estava trabalhando em um mutirão na construção do nosso templo. De repente, olhei o relógio e vi que precisava ir ao Banco antes que ele fechasse e, então, fui do jeito que estava: camiseta surrada, calça jeans e tênis. Quando entrei no Banco, a gerente quase não olhou para mim. Em outra oportunidade, quando tinha acabado de fazer uma gravação do programa de TV e, portanto, estava vestindo terno e gravata, fui ao Banco. Pense no tratamento que tive! Até cafezinho me ofereceram. Aliás, naquele dia, o menino que olha os carros na frente do Banco até me chamou de doutor. Aparência! As pessoas são julgadas pelo carro que têm, pelo lugar onde moram, pela grife da roupa que usam, pela cor e o tipo do cabelo, pela silhueta, e coisas assim. O grande problema disso é que a possibilidade de engano nos relacionamentos se torna cada vez maior, pois não se conhece as pessoas de verdade, mas apenas a casca. Por isso, tantas decepções. É impressionante como a Bíblia Sagrada é clara ao mostrar que o mais importante é o interior de cada um. Quando o profeta Samuel estava na tarefa de escolher quem seria o novo rei de Israel, foi enganado pelos seus olhos, pois se fosse por ele teria escolhido Eliabe, o filho mais velho de Jessé, mas Deus escolheu Davi e ainda disse que Ele, Deus, não olhava como os homens olhavam, mas sim olhava para dentro. Precisamos ser, e não apenas ter, pois o ter é aparência, e o ser é o que somos em nossa essência. Não acho que devamos nos descuidar da nossa aparência e nem mesmo torná-la marginal ao processo de crescimento. Mas acredito que o grande problema é tornar a aparência um referencial de apresentação para a vida ou para a análise das pessoas que nos cercam. Imagine que pessoas vazias e pobres seremos, se assim fizermos. Estou deixando essa reflexão para você. Procure observar o que vai além das aparências. Pode ser que você se surpreenda ao perceber que há certas situações ou pessoas que têm a aparência de problemas, mas podem ser bênçãos em sua vida. Ou acontecer o contrário: as pessoas que você pode achar que são essenciais em sua vida, podem, na verdade, estar o prejudicando. A Bíblia Sagrada nos ensina que um dos dons que o Espírito Santo nos concede é o de discernimento de espírito, e é isso que pode nos ajudar a abrir os nossos olhos quanto aos que nos rodeiam.

PR. LUIZ ANTONIO

PEGUE SUA VIDA DE VOLTA

Existem muitas pessoas vivendo sem estar vivas.

Existe uma parábola contada por Jesus que, possivelmente, seja uma das mais conhecidas na Bíblia Sagrada: a parábola do Filho Pródigo (Lucas 15: 12-24). Nessa história encontramos o relato de um filho - o mais novo - que chega ao pai e pede sua parte na herança da fazenda, pois ele queria ir embora e viver de acordo com sua própria vontade. O pai, com certeza, contrariado, não recusa o pedido daquele filho e dá o que ele pede. O moço sai de casa e vai viver dissolutamente. Gasta tudo o que tem com falsos amigos, até que chega um período de fome, e o único emprego que ele consegue é o de cuidar de porcos. Como se não bastasse ser um serviço sujo, ainda tinha o agravante de que, para os judeus, os porcos são considerados animais impuros. Portanto, sua condição era também de impureza espiritual.

Mas um dia esse moço diz assim: na casa de meu pai, até mesmo seus empregados têm o que comer, e eu estou aqui passando fome. Levantar-me-ei e irei ter com meu pai e direi: *Pai! Pequei contra o céu e perante ti. Não sou digno de ser chamado de teu filho, mas deixa-me ser como um dos teus empregados* (Lucas 15: 17-19).

E assim ele fez. A Bíblia nos diz que, quando ele ainda estava longe da casa, ainda na estrada, o pai o viu e o recebeu com alegria, abraçou-o e deu ordens aos seus empregados, dizendo: *tragam depressa uma nova veste para o meu filho, coloquem um anel em seu dedo e sandálias em seus pés, e matem o novilho gordo para fazermos uma festa, pois o meu filho estava perdido e eu o achei, estava morto e agora está vivo* (Lucas 15: 22-24).

Vamos ver que ensinamentos tem essa passagem bíblica para nós: Quantas pessoas que um dia também perderam a vida, ou o brilho nos olhos, ou a alegria que outrora existia, ou aquele humor próprio de pessoas inteligentes e de bem com a vida, e trocaram isso tudo por um olhar opaco, por um sorriso amarelo e por uma tristeza que tentam esconder, mas que sobressai. Como no caso do filho pródigo, a origem disso pode estar em decisões erradas, ou ainda, em perdas que sofremos, ou nas circunstâncias da vida. Isso tudo pode nos levar a perder esta vida. Eu diria que existem muitas pessoas vivendo sem estar vivas, ou seja, uma vida sem graça, sem alegria, sem perspectivas, presas a situações do passado e achando que não podem voltar. Pois eu lhe digo: pegue sua vida de volta!

Quando aquele moço voltou, recebeu novas vestes, isso significa que estava sendo aceito novamente em seu meio. Recebeu um anel e isso significa que voltaria a assinar pela família, já que o anel era usado como um selo de identificação. Recebeu sandálias, porque somente os escravos andavam descalços, e ele estava sendo recebido como filho. Ou seja, toda a vida que ele havia perdido, na verdade, estava guardada com o pai.

A sua vida, prezado leitor, também está guardada com Deus. Pegue-a de volta. Talvez você esteja sofrendo por algo do passado, mas não pode ficar preso lá. As coisas precisam ter continuidade. E, mesmo que você imagine que não dá mais tempo, saiba que está enganado. Deus ainda pode fazer de você uma pessoa mais feliz do que já foi até agora. Em Deus, a vida se renova. Pegue sua vida de volta! Ela está guardada dentro do coração de Deus.

PERMANECER

Você tem permanecido fiel aos seus propósitos?

Disse Jesus: *Eu sou a videira verdadeira, e meu Pai é o agricultor. Todo ramo que, estando em mim, não dá fruto, ele corta, e todo que dá fruto ele poda, para que dê mais fruto ainda. Vocês já estão limpos, pela palavra que lhes tenho falado. Permaneçam em mim, e eu permanecerei em vocês. Nenhum ramo pode dar fruto por si mesmo, se não permanecer na videira. Vocês também não podem dar fruto, se não permanecerem em mim. Eu sou a videira, vocês são os ramos. Se alguém permanecer em mim e eu nele, esse dará muito fruto; pois sem mim vocês não podem fazer coisa alguma* (João 15:1-5).

A palavra permanecer aparece pelo mínimo doze vezes no texto de João 15:1-16. Permanecer - do latim, *permanescere*, incoativo de *permanere*, continuar a ser ou ficar, conservar-se. Persistir, perseverar, insistir. Demorar-se, ficar, continuar existindo. Se há uma repetição tão grande é porque realmente Jesus quer passar uma orientação muito importante para nós. Falando como pastor, posso dizer que esse é de verdade um grande desafio proposto por Cristo: permanecer.

Em meio aos cristãos evangélicos, quando uma pessoa toma uma decisão de aceitar a Cristo, ou seja, quando ela reconhece que é pecadora, arrepende-se de seus pecados e recebe a Cristo como seu único e suficiente Salvador, ela também se propõe a viver uma nova vida, pois muitas coisas que antes eram supervalorizadas passam agora por uma transformação. É como se os olhos abrissem e, de repente, as coisas que sempre estiveram perto e não recebiam a devida atenção, passassem a ser percebidas, como o próprio Deus, responsável pela nossa vida, a família, e a gente mesmo.

É um momento lindo quando entendemos que, muito mais importante, é o que somos do que o que temos. Passamos a valorizar mais o ser do que o ter, descobrimos que caixão não tem gaveta e deste mundo não levamos nada, a não ser o peso das decisões que tomamos ou deixamos de tomar. Mas, o Senhor Jesus - no texto bíblico citado - deixa claro que o maior desafio é permanecer. Quantos que vêm para Jesus e não permanecem. Foi assim mesmo nos tempos bíblicos, muitos começaram seguindo Jesus, mas diante dos primeiros desafios, desapareceram. Houve uma ocasião que Jesus chegou a perguntar: *Onde estão os outros?* (Lucas 17:17), e responderam: *Foram embora.*

Portanto, esse continua sendo o grande desafio da fé cristã, permanecer. Mas será que esse é o desafio enfrentado apenas pela igreja ou será um desafio do homem em outras áreas também? O que temos visto hoje?

Namoros que não duram muito tempo, amizades que acabam cedo, casamentos que chegam ao divórcio por motivos banais, funcionários que não vingam em seus empregos, cursos na faculdade em que não se formam, empresas que fecham as portas no segundo ano de existência, tratamentos de saúde que nunca chegam a sua fase final... Ufa! Quantos exemplos de situações que não se completam, etapas que ficam pela metade. Tudo isso pela dificuldade de permanecer.

Por que essa dificuldade tão grande em permanecer? Acredito que seja porque os interesses das pessoas mudam o tempo todo. Muda o interesse no namoro, na amizade, no casamento, no emprego e assim por diante, pois, consequentemente, muda também o desejo de continuar, insistir, perseverar. Interessante, hoje, quando ouvimos um casal dizer que tem longos anos de casamento, costumamos exclamar: nossa, que sorte, hein!

Na verdade, não foi sorte, com certeza foram pessoas que perseveraram nas dificuldades, aliás, essa será também a palavra chave dos homens de sucesso nas mais diversas áreas da vida. Portanto, gostaria de propor aqui uma forma diferente de avaliarmos nossa própria vida. Responda a essa pergunta: você tem permanecido fiel aos seus propósitos? Com certeza, essa resposta o ajudará a analisar e corrigir o que for necessário.

PORÉM...

Mas a vida não é assim...

Encontramos em nossos dias pessoas que são realmente verdadeiros heróis. É impressionante a força dessas pessoas! Muitas nem tiveram a infância como deveriam ter, pois, desde muito cedo, começaram a trabalhar, ao mesmo tempo que estudavam. Algumas dessas pessoas são tão brilhantes que, muito cedo, conseguiram entrar em uma faculdade e, quando acompanhamos o trajeto delas, as encontramos lá na frente com um belo emprego, subindo de posição a cada dia, com um carrão dos sonhos parado na garagem, morando em um apartamento que ainda está pagando, mas que é dela, e com uma família linda. Porém, não são felizes.

Esse é o ponto! Quantas dessas pessoas, apesar de terem alcançado muitas coisas que sonharam, não são felizes de verdade. E o pior é que nem podem compartilhar isso com os outros porque serão chamadas de ingratas, cujas pessoas vão pedir-lhes que olhem para a vida de outros e agradeçam pelo que tem. E é verdade. Se forem comparar a sua vida com a dos que estão a sua volta, parece que elas têm muito e nem devem reclamar ou sentir falta de nada. Mas a vida não é assim. Por mais que reconheçamos que temos muito, não conseguimos deixar de sentir um certo vazio na alma, uma certa tristeza que parece difícil de ser identificada. E haja divã para atender todo esse povo.

Na verdade, vejo isso como um grande problema do homem, principalmente do chamado homem moderno. Ele pode ir tocando a vida, trabalhando, estudando, e conquistando, mas chega um dia em que ele se depara com a sua realidade. Parece que tem um buraco enorme dentro do peito, buraco que não dá para ser preenchido com carrões, mansões, graduações ou promoções. Esse vazio, em meu entendimento é, primeiramente, a falta de um encontro com o seu verdadeiro eu. Encontro esse que permitirá a pessoa a entender que tem uma falta que só pode ser suprida pelo segundo encontro: um encontro com Deus. Não apenas o encontro com o Deus de uma religião, mas o Deus que nos criou, que nos amou e nos ama de tal forma, que foi às últimas consequências para nos ter novamente em seus braços, dando seu único Filho - Jesus Cristo - para nos salvar.

O grande problema é que até o homem reconhecer isso perde muito tempo na vida, tentando se alegrar com as conquistas, o que, aliás, por um curto período de tempo, parece resolver, por trazer alguma satisfação. É como o cheiro de carro novo que, enquanto podemos sentir esse cheiro dentro do carro, isso pode trazer satisfação, mas daqui a pouco o cheiro fica comum, assim como também fica comum o namoro, o aumento do salário, a casa nova, a roupa nova, a festa, e aí vem a realidade. Alguns chegam a dizer: que droga! O que está acontecendo comigo?

É, realmente, alguns parecem ter dificuldade para aceitar que o que acontece em sua vida é a falta de Deus. É Ele que nos dá a esperança de uma vida que não se encerra aqui neste mundo, pois quer nos dar coisas que a ferrugem não corrói e a traça não destrói. O que Deus tem para nos dar não funciona como paliativos, nem como analgésicos para a nossa dor existencial. Ele quer nos dar algo que muitos julgam ser utopia, mas é a coisa mais real que podemos receber: a vida eterna. Quando o homem vive neste mundo, sabendo que aqui não é o seu final, sabendo que pode sonhar com tudo, mesmo que possa alcançar, ele não precisará entrar em crise, pois a maior de todas as vitórias já foi alcançada por Cristo Jesus e lhe foi dada de presente. Então, sim, poderá lutar e crescer, e acabará com esse porém. Na verdade, o homem sem Deus é um aleijado existencial, mas quando se encontra com Deus, de verdade, recebe a cura para sua existência.

SINAIS

Quanto maior for a sua percepção em relação aos sinais a sua volta, maiores são as possibilidades de evitar perdas.

Quando eu estava preparando uma palestra para falar sobre atitudes proativas, enquanto estava pesquisando na Bíblia Sagrada sobre avisos de coisas que estavam por acontecer, deparei-me com a palavra sinal. Fui, então, para uma concordância bíblica, e qual não foi minha surpresa, perceber que as palavras sinal e sinais aparecem dezenas de vezes nas Sagradas Escrituras. Li, por exemplo, a respeito do famoso caso de Gideão, que pediu a Deus um sinal antes de sair para uma batalha. Ele queria ter a certeza de que Deus estava com ele e, então, veja o que fez:

E Gideão disse a Deus: quero saber se vais libertar Israel por meu intermédio, como prometeste. Vê, colocarei uma porção de lã na eira. Se o orvalho molhar

apenas a lã e todo o chão estiver seco, saberei que tu libertarás Israel por meu intermédio, como prometeste. E assim aconteceu. Gideão levantou-se bem cedo no dia seguinte, torceu a lã e encheu uma tigela de água do orvalho. Disse ainda Gideão a Deus: não se acenda a tua ira contra mim. Deixa-me fazer só mais um pedido. Permite-me fazer mais um teste com a lã. Desta vez faze ficar seca a lã e o chão coberto de orvalho. E Deus assim fez naquela noite. Somente a lã estava seca, o chão estava todo coberto de orvalho.
(Bíblia Sagrada - Juízes 6:36-40)

E assim caminha a humanidade... Sempre pedindo sinais a Deus. O que muitos não conseguem perceber é que esses sinais são dados o tempo todo. E o que é um sinal? É uma forma de comunicação, uma maneira de alertar sobre alguma coisa ou alguma situação. Na verdade, nós estamos cercados de sinais em nossa vida e a não observância desses sinais pode nos colocar em situações muito delicadas. Se você observar, por exemplo, que a sua saúde e o seu corpo dão sinais quando as coisas não vão bem. Você começa a espirrar e diz: nossa! Acho que estou pegando uma gripe. Pois bem, outras áreas da nossa vida também dão sinais quando estão em crise ou perto de entrar nela.

Às vezes, atendo pessoas que dizem assim: meu marido foi embora, e isso aconteceu de uma hora para outra. Desculpe-me, mas é difícil acreditar que uma pessoa saia de casa de uma hora para outra. Quando aprofundamos a conversa, passamos a perceber que esse homem já dava diversos sinais de que as coisas não iam bem, mas a mulher não queria enxergar. A mesma coisa acontece em relação aos filhos. Há pais que parecem descobrir de uma hora para outra que os filhos estão trilhando por caminhos estranhos, mas se tivessem parado para prestar mais atenção, teriam percebido os sinais de que as coisas não iam bem, muito antes.

Tem gente esperando uma empresa ir à falência para depois perceber que os negócios não estavam indo bem. Outros esperam o cônjuge pedir o divórcio para depois acreditar que o casamento não estava bem. Como eu já disse, isso se repete em todas as áreas da vida, pois todas elas dão sinais. É como se houvesse um medidor da real situação, com direito à previsão do que pode acontecer.

Quanto maior for a sua percepção em relação aos sinais a sua volta, maiores serão as possibilidades de evitar perdas, haverá mais condições de remediar, de dar a volta por cima. Mas, como dizem por aí: existem pessoas que não querem enxergar. Hum... aí é complicado! Quando a pessoa não quer abrir os olhos, só a misericórdia de Deus agindo em sua vida.

Vou parando por aqui. Acredito que já falei o suficiente para você entender que sempre haverá sinais em sua vida. Por isso, quero encerrar esse comentário, tomando a liberdade de alertá-lo: fique atento ao que está acontecendo a sua volta, preste atenção em quem você ama. Eles podem estar dizendo coisas importantes para você, e você não está percebendo. Que o Senhor, nosso Deus, tire a venda dos seus olhos, antes que seja tarde.

PR. LUIZ ANTONIO

TADINHO DELE

Na verdade, nós não devemos fazer aos outros o mal que não queremos que nos façam.

O que você diria de uma história como essa que passo a narrar? Um jovem saiu de casa e da cidade e foi trabalhar com o tio dele. A bênção de prosperidade estava sobre ele e, por isso, tudo o que ele fazia dava certo. Começou a cuidar do rebanho de cabras, e esse rebanho aumentou consideravelmente. Enfim, ele trouxe uma prosperidade para a fazenda do tio, nunca antes experimentada. Certa feita, seu tio chegou a ele e disse assim: *não é justo que você esteja trabalhando aqui sem receber salário, só porque é meu sobrinho. Diga quanto quer ganhar* (Gêneses 29:15).

O jovem respondeu que trabalharia sete anos sem receber salário, desde que o tio lhe desse em casamento a filha mais nova dele. O tio concordou. Ao final dos sete anos de trabalho, o tio o enganou entregando-lhe a filha mais velha - e não a mais nova - que era a quem o jovem amava. Sendo noite, ele deitou-se com ela, não percebendo o engano, o que só aconteceu pela manhã. Quando foi reclamar com o tio, recebeu como resposta que se quisesse casar mesmo com a mais nova, teria que trabalhar mais sete anos. Então, o jovem aceitou o desafio e trabalhou mais sete anos para poder se casar com a mulher amada.

Agora, justifico o título desse artigo "Tadinho dele". É isso que pensamos sobre o jovem ao olharmos para essa história. Porém, se voltarmos alguns anos, vamos ver que esse mesmo rapaz enganou o irmão e o pai. O irmão era mais velho e, portanto, tinha direito a uma bênção chamada bênção da primogenitura. Essa bênção trazia algumas prerrogativas ao filho mais velho: na partilha de bens, na ausência do pai, ficaria com a maior parte, receberia também o direito dos serviços religiosos dentro da família, ou seja, seria o líder da casa. Pois esse moço se fez passar pelo irmão para receber a bênção do pai no lugar dele. Depois disso, teve que fugir de casa por causa da revolta do irmão e, assim, foi parar na fazenda do tio.

Quando ouvimos a história que contei no início, ficamos com pena do rapaz. Mas quando olhamos com atenção até o final, descobrimos que ele estava colhendo o que havia plantado. Ele enganou o irmão e o pai. Agora, por causa da lei da semeadura - o que plantarmos é o que vamos colher - ele também estava sendo enganado pelo próprio tio.

Essa história nos leva a refletir que, antes de reclamar o que sofremos em nossa vida, antes de nos achar injustiçados, deveríamos, com muita sinceridade, observar melhor a nossa história. Deveríamos observar se, em algum momento, também não fomos injustos com alguém.

É lógico que essa observação quanto às nossas atitudes só funcionam se for um exercício acompanhado de muita humildade para reconhecer e admitir que também cometeu erros. Se assim fizermos, talvez possamos pensar melhor em nossas próximas atitudes, em como estamos tratando as pessoas a nossa volta. Na verdade, nós não devemos fazer aos outros o mal que não queremos que nos façam.

TRÊS TIPOS DE AUTORIDADE

Se tivermos sabedoria, isso nos dará autoridade diante das situações especiais da vida.

Sempre ouvimos pessoas dizerem que vivemos em uma época de crise de autoridade. E quando a gente para e pensa, acaba concordando. Senão, vejamos: nos lares, hoje em dia, não é difícil encontrarmos adolescentes no comando. De forma indireta é esse adolescente quem dá as ordens, seja por um capricho dele, seja pelo medo que os pais têm de ofendê-lo, seja pelo sentimento de culpa dos pais por causa da ausência. Enfim, os motivos podem ser variados, mas o fato é que muitos lares são dirigidos pelos adolescentes. Eles, por sua vez, não sabem quem tem mais autoridade, se o pai ou a mãe, até porque eles já presenciaram momentos em que um desautorizava o outro. Isso tudo é reproduzido na sociedade de uma forma geral, já que a família é a célula mater da sociedade.

Por outro lado, nas escolas encontramos professores que ficam com medo de dar uma nota mais baixa a um aluno, porque existem casos em que esses profissionais são ameaçados pelos estudantes. Nas empresas, há chefes de setores que não podem nem pensar em dar uma advertência a um funcionário relapso, com medo das retaliações que podem sofrer. Pois eu gostaria de falar sobre autoridade numa perspectiva bíblica, na verdade, sobre três tipos de autoridade que, juntas, podem fazer a diferença em nossas vidas.

Autoridade da Sabedoria: a inteligência pode ser definida, de forma simplista, como a habilidade de pensar; o conhecimento, como a informação adquirida; mas a sabedoria pode ser definida como a habilidade de aplicar o conhecimento às situações práticas. Salomão diz assim: *a sabedoria é árvore que dá vida a quem a abraça; quem a ela se apega será abençoado* (Provérbios 3:18). Mas, veja que a sabedoria da qual estou falando é aquela que vem da parte de Deus sobre a nossa vida, até porque, muitas são as ocasiões em que apenas a nossa experiência de vida não será suficiente para nos levar a decisões sempre corretas. Tiago, provavelmente irmão de Jesus e líder do concílio de Jerusalém, em sua carta, entre outras coisas escreve sobre sabedoria, dizendo que quem não a tem deve pedir a Deus, pois Ele dá, liberalmente a quem pedir. Se tivermos sabedoria, isso nos dará autoridade diante das situações especiais da vida e, consequentemente, os que estiverem à nossa volta se sentirão seguros em estar debaixo da nossa autoridade.

Autoridade da unção: na Bíblia, quando uma pessoa era ungida por um sacerdote, na verdade estava sendo separada e preparada para algo de especial. Vemos, por exemplo, um caso registrado no livro de Êxodo, por ocasião da construção do Tabernáculo, quando Deus diz a Moisés que tinha dado habilidades especiais a alguns homens no manuseio do ouro, pedras preciosas, madeiras, etc. Portanto, quando exercemos uma tarefa para qual fomos ungidos, agraciados pelo Senhor, ou seja, quando temos um talento diferenciado, teremos autoridade naquele assunto. Enganam-se aqueles que pensam que essa unção está relacionada apenas a tarefas sacras. Deus também unge o homem para tarefas consideradas como seculares. Veja qual a unção que Deus lhe deu, fique nela e você fará a diferença.

Autoridade do testemunho: tem um ditado muito feio, mas que condiz com a realidade "faça o que eu mando, mas não faça o que eu faço". Tudo bem que a pessoa até possa fazer o que o outro mandou, entretanto, não é porque o outro tenha autoridade, mas talvez porque esteja sendo autoritário. É aquela velha diferença entre líder e chefe. O líder é seguido porque influencia, o chefe é obedecido por causa do cargo que tem. Na verdade, a proposta apresentada pela Bíblia Sagrada é a de que sejamos exemplo para os outros e, então, teremos autoridade para falar alguma coisa. Quando o apóstolo Paulo escreve para o pupilo Tito, dizendo *"em tudo seja você mesmo um exemplo..."* (Tito 2: 7), ele está nos ensinando que precisamos ter a autoridade do nosso testemunho.

Não adianta mandarmos os nossos filhos fazer uma coisa que nós não fazemos. Não adianta um empresário exigir lealdade dos seus funcionários, se eles percebem que tal não é a prática dele com os seus fornecedores. A autoridade do testemunho nos leva pensar em coerência. Como posso pedir aos outros uma coisa que não faço? Interessante é que o próprio Jesus, ao pedir que fôssemos servos uns dos outros, ensinou-nos sendo servo. Deus, que nos pede que amemos uns aos outros, deu o exemplo amando o mundo de tal maneira que deu seu único Filho para morrer por nós na cruz. Se conseguirmos reunir essas três categorias de autoridade, com certeza seremos excelentes líderes onde o Senhor nos colocar, a começar em nossa casa, pois é nela onde tudo se inicia.

VIVENDO A VIDA

SAIA DA MULTIDÃO

*Seguir conforme o embalo dos outros,
é realmente muito perigoso.*

A Bíblia Sagrada conta a história de um homem que saiu do meio de uma multidão para se aproximar de Jesus. Aquele homem era leproso e, portanto, não poderia ter agido assim. Aliás, ele nem deveria estar entre a multidão, pois os leprosos, naquela época, eram condenados a viverem isolados da sociedade já que a lepra era considerada uma doença contagiosa, e também representar a pessoa está imunda espiritualmente. Em algumas regiões, inclusive, era costume pendurar um chocalho no pescoço do leproso para que o som alertasse as demais pessoas quanto a sua presença e, assim, desviassem o caminho. Ou então, o leproso, ao ver alguém se aproximando, deveria gritar imundo, imundo, a fim de que a pessoa não chegasse mais perto. Isso nos mostra a ousadia daquele homem. Quando ele chegou perto de Jesus, atirou-se a seus pés e disse: *Se quiseres, podes tornar-me limpo.* Jesus respondeu: *Eu quero, seja limpo. E o homem ficou curado imediatamente* (Mateus 8: 2-3).

Trazendo essa lição para os nossos dias, a realidade é a de que também vivemos no meio de uma multidão. Multidão que dita as regras. Quantas pessoas que acabam não pensando por si mesmas, mas apenas acompanham a multidão.

Estar no meio da multidão, em muitos momentos, é perigoso, pois podemos ser injustos apenas para poder acompanhar a maioria. Você já percebeu que, mesmo as pessoas mais educadas, quando estão no meio da multidão, esquecem a educação? Seguir conforme o embalo dos outros, é realmente muito perigoso.

Ficar com a multidão pode significar também, ser comum, ser mais um, e no mundo de hoje, quem quer ser vencedor de verdade tem que fazer a diferença. Não dá para ficar acompanhando a maioria apenas por receio de ser diferente. É uma questão de personalidade. Já percebeu que quando conseguimos separar um jovem do meio da multidão e conversar com ele, ficamos admirados? Parece que tudo muda. Aquele menino que parecia até não ter sentimentos, de repente revela um coração sensível, uma visão de mundo interessante, mas que no meio da multidão era apenas mais um.

Será que você também não está sendo apenas mais um no meio da multidão? Ou seja, mesmo percebendo que tem de ser diferente onde trabalha, opta pelo silêncio para concordar com os demais?

Você está vendo a família se desmoronar, mas também prefere ficar calado por medo de ser mal interpretado? Ou ainda vê a sociedade se autodestruindo, mas acha que não pode fazer nada e se junta à multidão dos conformados?

Saia do meio da multidão! Ponha suas ideias em prática, use os talentos que Deus, com certeza, concedeu a você. Faça a diferença! Não seja apenas mais um.

Morra vazio, não levando para o túmulo livros que não foram escritos, músicas que não foram cantadas, ideias que não foram defendidas, opiniões que não foram dadas. Deus o criou com grande potencial, perceba isso dentro de você. Vá em frente, Deus é com você!